GERMANO SILVA

Autor de
MERCADO MINADO

GUERRA
de
MARCAS

Por que algumas marcas crescem rapidamente enquanto outras definham e morrem miseravelmente?

Dedicado à minha querida filha

Sofia Maia Guarnieri,

Minha fonte perene de inspiração.

"As coisas são o que parecem ser. O que não podem parecer não são."

PREFÁCIO

Às vezes, fico observando o atual cenário comercial no qual se tornou visível uma Guerra de Marcas e começo a perceber quantas mudanças ocorreram nas últimas quatro décadas. Pergunto-me como o simples produto exposto numa prateleira e um simpático senhor com uma caneta no bolso e uma caderneta encima do balcão já era suficiente para fazer boas vendas.

É difícil de acreditar que atendimento de qualidade deixou de ser o grande diferencial a partir do momento em que ele passou a ser interpretado pelo cliente como sendo uma obrigação da empresa e um direito do consumidor. O produto foi substituído pelas marcas enquanto o preço foi tabelado, variando na maioria das vezes apenas alguns centavos de um estabelecimento comercial para o outro. A qualidade se transformou num conceito relativo embasado na força que a marca exerce no segmento em que atua.

Com a predominância das marcas, cada um dos setores do mercado foi dividido em segmento e categoria. Enquanto o primeiro é representado apenas pelas marcas, o segundo se tornou o campo de batalha dos produtos. Apesar de a dinâmica ser de fácil compreensão e execução, a competição por uma fatia do mercado só tem aumentado tanto entre empresas ou marcas como entre os produtos de cada categoria em todos os segmentos.

O mercado mudou radicalmente nesses últimos 40 anos e a previsão é de que essa mudança continuará no decorrer das próximas décadas. Infelizmente, a maioria dos empresários ainda nem se deu conta disso. Se antes um simpático senhor atrás do balcão e o produto na prateleira já era o suficiente, agora o cliente é disputado por meio de intensas batalhas de marketing que ocorrem na mente do consumidor, disputada apenas entre as marcas.

Tudo virou marca. O nome na fachada da loja, o título impresso na embalagem do produto e o nome dado para cada empresa prestadora de serviço foram reduzidos a marcas. Entretanto, tem uma lógica clara e simples para justificar tudo isso. Se antes as pessoas compravam produtos, usavam produtos, consumiam produtos, hoje, elas compram marcas, usam marcas, consomem marcas. O produto deixou de existir já faz algum tempo.

Migrar de produto para marca não é simplesmente uma opção. É uma necessidade vital. Ou as empresas migrame sobrevivem ou simplesmente ignoram e morrem. Não há outra escolha a fazer, não há outro caminho para seguir. Isto se tornou uma Guerra de Marcas e as regras do jogo foram criadas pelo próprio consumidor.

Guerra de Marcas não é simplesmente um título de livro. É na verdade, a melhor definição que pode existir para o atual cenário comercial. As marcas estão guerreando o tempo todo, cada uma delas em seus respectivos campos de batalha. O espaço e os esforços são dedicados a elas. O produto, o preço, a qualidade e o atendimento se tornaram meros detalhes. Em qualquer circunstância, o que prevalece é a marca. Não ter uma significa que não pode entrar nessa guerra, quanto mais vencê-la.

SUMÁRIO

INTRODUÇÃO

Ter um produto na prateleira já não é mais o suficiente. Atendimento de qualidade deixou de ser o diferencial porque ele nada mais é do que uma obrigação da empresa e um direito do consumidor. Preço, todo mundo tem, todo concorrente também pode fazer igual ou melhor do que os demais.

Nas últimas cinco décadas, a dinâmica do mercado mudou radicalmente. Por maior que seja essa mudança, infelizmente, a maioria dos empresários ainda nem se deu conta disso. Antes, as pessoas compravam produtos, usavam produtos, consumiam produtos. Hoje, elas compram marcas, usam marcas, consomem marcas. O produto deixou de existir já faz um bom tempo.

Migrar de produto para marca não é simplesmente uma opção. É uma necessidade vital. Ou as empresas migrame sobrevivem ou simplesmente ignoram e morrem. Não há outra escolha a fazer, não há outro caminho para seguir. Isto se tornou uma Guerra de Marcas e as regras do jogo foram criadas pelo próprio consumidor.

O grande desafio dessa migração é que um produto será sempre um produto na mente do consumidor. Todavia, uma marca é uma extensão daquilo que o indivíduo é pessoalmente. É um reflexo daquilo que ele representa – ou pelo menos tenta ser – socialmente.

Hoje, se um indivíduo usa um tênis de marca desconhecida, ele apenas usa um tênis. Contudo, se a marca for Nike, então ele deixe de usar um tênis e passa a usar "uma Nike". Nike não é uma marca de tênis? Não para o usuário. Para a sociedade, nesse caso, o tênis é a marca.

O mesmo acontece com os demais produtos que o cliente em perspectiva consome. Frango é Seara e presunto é Sadia. Chocolate é Cacau Show e café solúvel é Nescafé. Todos os produtos que possivelmente fazem parte da vida humana – e por que não dizer, animal também? – deixaram de existir. Detergente é Ypê, barbeador é Gillette, lavadora de roupa é Consul, creme dental é Colgate, desodorante é Rexona e a lista continua infinitamente.

Talvez, você deve está se perguntado: como é possível os produtos terem deixado de existir se eles ainda estão sendo consumidos? Realmente, é uma excelente pergunta. Mas, onde você viu isso?

Se café solúvel é Nescafé, isso significa que não existe mais café solúvel. Apenas Nescafé. Frango é Seara e não há como mudar essa percepção. Presunto é Sadia e o resto é apenas uma imitação. O produto não existe. O que existe de fato é uma marca que representa o produto.

A regra vital que nenhum empreendedor, empresário ou investidor jamais poderá se esquecer de agora em diante é: as pessoas não compram produtos, não usam produtos, não consomem produtos. Hoje, elas compram marcas, usam marcas, consomem marcas. O produto deixou de existir já faz algum tempo.

Você pode ter o melhor produto do mercado, com qualidade muito superior aos demais, com um design moderno, funções inovadoras e um preço justo para o consumidor. Contudo, se ele não tiver uma marca conhecida na etiqueta, será apenas um produto sem muita utilidade. Estará fadado ao fracasso porque nunca será um sucesso de vendas na sua respectiva categoria.

No cenário atual, a marca não só representa o produto, mas também a sua utilidade, qualidade e preço. Por essa razão, na guerra de marketing, o produto nunca vence. Porque não se trata de uma batalha de produtos. E sim, de percepção.

Pouco importa se você tem uma década de mercado ou apenas uma semana. Os tempos mudaram e continuam mudando rapidamente. Se apostar na força do produto, não sobreviverá por muito tempo para contar como se sobressaiu em tamanha transformação. Porém, se apostar na marca, provavelmente triunfará e sairá cada vez mais forte mesmo diante de tantos concorrentes.

Na Guerra de Marcas, só sobreviverá quem tiver uma para se defender. Não ter uma para usar como escudo é o mesmo que lutar desarmado contra uma tribo de índio com flechas apontadas na sua direção. Não importa para qual sentido você corra. Você acabará arruinado ao chão.

Quer vencer a Guerra de Marcas? Então lute com as armas certas. Adote a estratégia adequada. Recrute os soldados certos. Entre apenas nas batalhas que pode vencer. Concentre os seus esforços num ponto o mais estreito possível e torne a sua Marca uma referência no mercado. Em hipótese alguma, jamais tente ser tudo para todos ao mesmo tempo. Ninguém é mais capaz de conseguir tamanha façanha.

O mercado mudou radicalmente. Por mais que tenham gerado resultados positivos num passado recente, as velhas estratégias já não servem mais. No cenário atual, entrar com elas num combate significa competir para perder.

O estrategista contemporâneo sabe bem disso e conhece todos os macetes possíveis da velha maneira de fazer negócio. Mas evita o tempo todo não colocar nenhum deles em prática porque estão obsoletos. Se o mercado mudou, isso significa que as regras também mudaram.

É chegada a hora de aceitar essa nova dinâmica de mercado. Ficar preso ao passado é desistir de migrar para o futuro – que já começou. Decerto, nem todos conseguem enxergar além daquilo que os seus olhos são capazes de observar naturalmente. Todavia, a miopia no mundo dos negócios sempre resulta em morte prematura.

Nenhum empresário quer perder o investimento que fez ou pretende fazer. Mas, a imprudência geralmente leva a derrocada. Se o mercado mudou, as regras do jogo também mudaram. Aqueles que continuarem jogando o novo jogo com as regras antigas, a sua derrota já estar decretada antes mesmo do fim do duelo. Migrar não é uma opção. É uma questão de sobrevivência – embora sobreviver não seja o bastante.

Parece complexo demais ou demasiadamente fácil entender todo esse processo. Pode até ser que sim ou talvez não. Porém, o grande desafio não é apenas entender como funciona a nova dinâmica e conhecer bem as novas regras do jogo das marcas. A dificuldade é converter uma companhia inteira, migrar para um novo cenário e atuar numa realidade completamente diferente.

Geralmente, soa muito estranhamente quando alguém pronuncia expressões como "guerra de marcas", "regras do jogo", "novo cenário" e "realidade completamente diferente" pelo simples fato de você olhar a sua volta e não enxergar nada disso. Espero que você não seja portador da Síndrome de Tomé: precisa ver para crer que existe. Coca-

Cola e Pepsi Cola duelam entre si pelo mercado de cola. McDonald´s, Burger King e Subway estão disputando há décadas, o bilionário mercado de hambúrguer. Uber e 99 estão envolvidos numa batalha pelo mercado de transporte privado de passageiros. Samsung e Motorola disputam o mercado de smartphones.

Esta é uma lista quase infindável. Embora tenham citadas apenas duas marcas de cada categoria, a verdade é que em cada uma delas, existe pelo menos uma dezena de concorrentes que querem conquistar a qualquer custo uma fatia do mercado. A luta é pela liderança. Não obstante, ser segundo, terceiro ou quarto lugar num mercado bilionário já é considerado um grande privilégio.

Talvez, o que você não saiba é que a batalha por uma fatia de um determinado segmento de mercado sempre acontece na mente do cliente. É nela onde está organizado e estabelecido o novo cenário, a nova realidade dos mercados existentes. Não está na mente do cliente é, qualquer perspectiva, está fora da competição.

Guerra de Marcas abordará todos os aspectos da dinâmica desse novo cenário comercial que está em fase de construção. Um livro moderno que pode ser adotado pelos empresários que desejam migrar com êxito dos mercados tradicionais para os novos mercados. Com ele, as chances de sucesso aumentarão significativamente, sobretudo, em virtude do apelo pela real necessidade do empresário migrar do mundo dos produtos para o mundo das marcas como já fizeram quase todos os consumidores do planeta terra. Ou migram ou morrem – comercialmente falando.

O mundo está em guerra. E não se trata de uma guerra entre pessoas. É uma Guerra de Marcas. Por causa dela, tudo está se transformando rapidamente. As coisas estão mudando a todo instante. Ignorar essas mudanças é aceitar que ficou para trás. No entanto, as marcas têm que avançar para sobreviver. Resistir é um trabalho árduo demais e nada lucrativo. Quem se adaptar melhor aos novos tempos reinará primeiro.

Apareça e Cresça

Apareça e cresça. Este é o conselho mais sensato que um empreendedor aspirante ao posto de empresário de sucesso deve ouvir e tomar para si antes de investir os seus escassos tostões. Porque no competitivo e hostil universo empresarial, só cresce quem aparece. Quem não consegue aparecer, não é capaz de crescer. Ao contrário, definha miseravelmente até a morte.

Embora tenha acabado de ler apenas o parágrafo inicial do primeiro capítulo de todo o livro, é muito provável que já deve está fazendo uma série de questionamentos acerca da veracidade dessa afirmação e, inclusiveestá indignadamente dizendo:

- O correto é 'cresça e apareça' e não 'apareça e cresça'.

Não! Nãoé o correto. Pelo menos na Guerra de Marcas. Porque nela, as empresas têm de aparecer primeiro para depois crescer. Têm que surgir em algum lugar já significando algo relevante na mente do cliente em perspectiva. E, a partir de então, crescer vertiginosamente ou definhar miseravelmente até morrer.

Nenhuma marca em nenhum lugar do mundo primeiro cresceu e somente anos mais tarde apareceu para o seu cliente em perspectiva. Ao contrário, cerca de 90% delas nasceram de forma improvisada, avulsa ou amadora. A percepção de que as marcas já nascem gigantes é apenas uma concepção distorcida da realidade. Até mesmo porque um galpão grande não significa necessariamente que o nome na fachada seja de uma marca forte e lucrativa no mercado em que atua.

Geralmente, as marcas precisam de um tempo para nascer, crescer e amadurecer. Infelizmente, a maioria delas declarará falência e fechará as portas antes mesmo disso acontecer. Algumas marcas sumirão precocemente, outras já com idade avançada, como é o caso da senhora Kodak. Elas reinam por algum tempo até descobrirem que alguns reinos também têm fim, infelizmente.

Em 1973, os irmãos Dick e Mac McDonald vendiam cachorro-quente numa barraca em Arcádia, na Califórnia, Estados Unidos. Três anos mais tarde mudaram para San Bernardino (também Califórnia) onde abriram um restaurante chamado McDonald's no qual vendia hambúrguer a US$ 0,15 cada. Depois de algum tempo atuando no setor, os irmãos McDonald notaram que a maior parte dos lucros vinha dos hambúrgueres. Assim, fecharam o restaurante por alguns meses e reabriram 1948 com um cardápio composto por hambúrgueres, milk-shakes e batatas fritas.

Depois de estreitar o foco ao extremo e definir o seu posicionamento no mercado, o McDonald's se tornou um grande sucesso mundial, criando as primeiras franquias a partir de1953. Em 1954, Ray Kroc se tornou sócio do negócio e acelerou o processo de expansão, inicialmente, dentro no território dos Estados Unidos e depois, em dezenas de países em todo o mundo. No primeiro trimestre de 2018, o McDonald's apresentou lucro de US$ 1,38 bilhão mesmo em guerra com o seu maior concorrente de todos os tempos, o Burger King. Parece não ser pouca coisa para quem começou numa barraca de cachorro-quente em Arcádia, na Califórnia, Estados Unidos.

Entre os corredores da faculdade e uma garagem emprestada pelo pai adotivo de Steve Jobs, nasceu a Apple Inc. Fundada em 1976 na cidade de Cupertino, estado da Califórnia, Estados Unidos, os jovens Steve Jobs, Steve

Wozniak e Ronald Wayne revolucionaram toda uma geração por meio de um conceito que pregava muito mais do que tecnologia e inovação: a essência da marca. Para Jobs, os produtos da Apple deveriam ser visto como 'uma extensão do homem'. Foi com essa filosofia e com produtos inovadores como o Apple II, Macintosh, iPod, iPhone, iPad e iMac que em apenas três décadas a Apple se tornou um sucesso global, uma referência inquestionável em inovação no seu setor de atuação. A Apple Inc. cresceu tanto que em 2018 acusou faturamento de US$ 52,5 bilhões com lucro de US$ 14,13 bilhões. Parece não ser pouca coisa para quem nasceu entre os corredores de uma faculdade e uma garagem emprestada, tendo como fundadores três jovens que não eram nem ricos nem vistos como gênios em absolutamente nada e ainda ter que guerrear ano após ano, década após década com uma rival gigante como a IBM.

Quando se tratando de negócios, o sucesso e o fracasso quase sempre ignoram a lógica. O que um ex-prisioneiro de campos de concentração nazista que imigrou para o Brasil em 1952 com US$ 6.000 poderia fazer para prosperar financeiramente? A lógica sugere que não há muita coisa a ser feita. O mais provável seria conseguir um trabalho para sobreviver inicialmente. E isso poderia ter sido o bastante para Samuel Klein, fundador da rede de varejo Casas Bahia. Para o bem da humanidade, nem todos se contentam com o destino que tem. Samuel Klein não tinha vindo de tão longe por tão pouco.

Em 1957, na cidade de São Caetano do Sul/SP, Samuel Klein, que era um imigrante polonês fundou a Casas Bahia. Antes, trabalhou cinco anos como vendedor de porta em porta até adquirir o primeiro estabelecimento comercial que mais tarde se tornaria a primeira loja das Casas Bahia. Com o dinheiro que trouxe para o Brasil, Samuel Klein usou

US$ 4.000 "para dar de 'entrada' na compra de uma casa e os US$ 2.000 restantes, comprou uma charrete, um cavalo e uma lista com 200 nomes de fregueses de um comerciante judeu" que estava largando a vida de mascate. Pelo visto, Klein seria apenas o próximo mascate da lista. Mas não foi isso o que aconteceu.

A rede Casas Bahia cresceu e se expandiu para quase todo o território brasileiro. Em 2016, contabilizou um total de 57 mil funcionários distribuídos em 565 lojas com faturamento de R$ 12,5 bilhões e lucro líquido de R$ 250 milhões. Não parece ser pouca coisa para quem começou com uma charrete, um cavalo e uma lista com 200 nomes de fregueses, tendo que lutar ano após ano, década após década contra dois rivais com o mesmo tamanho que o seu – Magazine Luiza e Extra.

A marca Cacau Show é outro dentre milhares de bons exemplos que poderiam ser citados aqui – como a história não é contada por perdedores, então é melhor citar só os vencedores. Fundada em 1988 por Alexandre Tadeu da Costa quando ele tinha apenas 17 anos de idade e vendia suas trunfas e bombons de chocolate no banco de trás de um Fusca branco, ano 78, tendo como clientes as padarias e supermercados da Zona Oeste de São Paulo/SP, muito provavelmente nem o próprio fundador imaginava que aquela pequena empresa se tornaria uma marca gigante e uma referência em produtos derivados de chocolates como bombons e trufas.

A maioria das pessoas desiste de empreender por não ter muito dinheiro para fazer o investimento inicial que gostaria. Ainda bem que nem todas pensam ou agem assim. Alexandre Costa, por exemplo, para começou a Cacau Show com US$ 500 aproximadamente. Muitas pessoas começam com muito mais do que isso e não chega a lugar algum. Não chegam porque elas apostam tudo que tem no produto, uma estratégia que geralmente nunca leva ao resultado desejado.

Alexandre Costa está no grupo de empresários que não vendem produtos, e sim, marcas que significam muito para o cliente em perspectiva. Em 2017, a Cacau Show tinha se tornado um negócio de 2.300 lojas e faturamento de US$ 3 bilhões ao ano. Não parece ser pouca coisa para quem começou aos 17 anos de idade, com um Fusca branco, ano 78, com uma quantia de US$ 500 e muita vontade de crescer – embora tivesse que duelar todos os dias com rivais como Lacta e Garoto.

Esses são alguns exemplos de empresas bem-sucedidas dentre milhares que poderiam ser citados. Todavia, o objetivo deste livro não é reescrever a biografia de marcas, quer bem-sucedida ou não. Em hipótese alguma, isso não levaria ao objetivo almejado pelo autor nem atenderia as reais necessidades do leitor. Portanto, todo o esforço será direcionado para a descoberta dos segredos ocultos por trás das marcas bem-sucedidas assim como erros mortais de algumas já falidas.

Nos próximos capítulos, será explicado como e porque algumas marcas nascem de maneira totalmente improvisada, mas que rapidamente crescem e se tornam líderes de segmentos do mercado em que atuam enquanto as suas principais concorrentes surgem no cenário da noite para o dia depois de ter recebido grandes investimentos, antes de começar a definhar rapidamente até morrer miseravelmente. Felizmente, para a sorte do empresário inteligente, existem informações vitais que podem salvar uma marca antes mesmo de ser feito qualquer tipo de investimento.

O que deve ser levado em consideração é que empresas geralmente não nascem grandes nem as Marcas famosas. Pode até haver um grande alarde promovido pelo marketing e pela publicidade gerada, mas isso não significa sucesso. Significa ser notícia. O problema é que o que foi notícia ontem parece velho demais para ser notícia hoje de novo.

Outro ponto fundamental que será levado em consideração a partir deste parágrafo é que a palavra empresa será substituída pela palavra marca que é na atualidade a definição mais exata que poderia existir. Porque ter uma empresa não é o bastante. Ter um produto não é o suficiente. Nos dias de hoje, o empresário que não tem uma marca, não tem absolutamente nada.

Guerra de Marcas não tem como objetivo tentar mostrar o tempo todo como vencer os seus concorrentes. E sim, expor como ser superior a todos eles naturalmente. Para tanto, foco estreito e absoluto na essência do que uma Marca deve significar na mente do cliente em perspectiva e não na mente do empresário no comando da companhia.

Em nenhuma circunstância, por mais importante que seja no processo de criação, uma marca nunca deve ser dependente da essência de alguém para existir. Elas devem ter a sua própria essência para que, quando o seu fundador partir ou for vendidas, continuarem do mesmo jeito que foram criadas e lançadas: original, inalterável e independente.

Não menos importante, é relevante você tomar conhecimento de que, quanto aos recursos necessários estimados para iniciar um negócio, por mais escassos que sejam ou abundantes que pareçam, não há garantias de sucesso para nenhum dos dois lados citados. Nem toda ideia vira uma marca poderosa, independentemente do dinheiro que o idealizador possa investir nela. O pior ainda é que nunca se sabe quando uma simples ideia revolucionará todo um mercado como a Uber fez com transporte privado de passageiros e a Amazon e Alibaba com compras pela internet.

Se você já tem uma marca sólida no mercado, sinta-se um empresário privilegiado. Porque é uma missão árdua, difícil de cumprir. Um terço dos brasileiros tenta isso durante praticamente toda a vida, mas são raros os que conseguem se destacar na multidão. É como se existisse uma fôrma ou uma fórmula errada a qual quase todos os aspirantes ao posto de empresários de sucesso adotassem antes de começar a empreitada. Infelizmente, não existe uma receita pronta para o sucesso. Na verdade, as receitas que garantem sucesso geralmente terminam em fracasso absoluto. E sabe por quê?

Porque as marcas são exclusivas. O que uma delas representa individualmente não pode ser simplesmente copiado e multiplicado como um produto padrão. São como as digitais: por mais que se pareçam, nunca são iguais.

Tomadas essas importantes considerações, o mais sensato a partir de agora é esquecer a ideia de fundar uma empresa e se concentrar ao máximo no objetivo de criar uma marca sólida num determinado segmento de mercado. Uma marca com vida própria, com essência, identidade e personalidade, que seja capaz de representaruma grande ideia ou algo relevante na mente do cliente em perspectiva.

Uma empresa, por mais moderna que seja, na mente do empresário ela representa uma estrutura criada para produzir o melhor produto do mercado. Já na mente do cliente, nada mais é do que um prédio onde as pessoas trabalham produzindo alguma coisa. Por exemplo, numa fábrica de moveis sem uma marca famosa na fachada, os operários produzem moveis. Mas, se nessa fábrica tiver o nome da marca Itatiaia na fachada do prédio, tanto para os clientes como para os operários, naquele local se fabricam "Cozinhas Itatiaia", o que é diferente de moveis.

Este é o um panorama antigo que preciso ser alinhado: onde o empresário enxerga uma coisa, o cliente enxerga outra. Onde o empresário ver uma empresa, o cliente ver uma marca. Onde o empresário avista um produto, o cliente avista uma marca. A diferença entre ambos é que, enquanto os empresários apostam tudo na construção de uma empresa, a visão dos clientes está limitada às marcas. Porque são por meio das referências que obtêm das marcas que eles tomam as suas decisões de compra.

Não é possível ter duas visões diferentes olhando simultaneamente para a mesma direção. Apercepção do empresário deve estar alinhada com a do comprador. A visão dele deve se antecipar àquilo que o cliente tenta ou é capaz de enxergar quando olha para o mercado. Se ele não conseguir avistar a sua marca, dificilmente ela sobreviverá.

O grande desafio é aparecer no meio de tantas opções. Isto não é algo fácil de fazer. Depende mais do que de dinheiro e de uma dose de criatividade, originalidade e exclusividade. Requer um diferencial que geralmente está ligado a ideia de inovação por meio de algo que pode ser visto como a solução para um problema antigo ou uma necessidade. Daí é que surge a necessidade de ser diferente. Porque, quanto mais semelhante um concorrente for do outro, mais camuflados ambos permanecerão no meio da multidão.

É nobre o seu desejo de empreender e isso deve ser considerado importante nesse processo. Embora tenha tomando conhecimento dos riscos envolvidos permaneceu convicto do que quer profissionalmente. O simples fato de está lendo este livro e outros títulos que tratam do mesmo assunto já prova o quanto você está se esforçando para que as coisas aconteçam sob resultados positivos. Tudo indica que está no caminho certo. Tudo o que você deve fazer agora é definir um plano que inclua uma estratégia.

Em qualquer segmento que a sua marca for atuar, ela encontrará um mercado bilionário dominado por concorrentes de peso pesado. Por essa razão não espere duelos fáceis, lutas com amadores. Os amadores nem se classificam sequer para entrar nesse seleto grupo de marcas competidoras.

Enfim, não importa qual o setor de atuação, o porte da empresa, o segmento escolhido e a categoria de produto na qual irá atuar. Sem essência e sem originalidade, nenhuma marca jamais chegará a algum lugar. Sem marketing e sem publicidade, toda marca está fadada ao esquecimento. Porém, os esquecidos não vendem. Quem não vende, morre. E para não cair no esquecimento, não vender e por isso morrer, é preciso anunciar o que a marca pretende representar para o cliente. Afinal de contas, para ser lembrado é preciso fazer lembrar.

Percepção e Realidade

A percepção é a realidade. A realidade nada mais do que aquilo que enxergamos. Não importa de qual ângulo observamos um cenário. Aquilo que vemos é a realidade.

Na Guerra de Marcas, o marketing manipula a realidade o tempo todo. As pessoas vêem apenas aquilo que é projetado e não o cenário real. Dessa forma, a aparência é o que prevalece, sendo ou não o que aparenta ser.

O cenário real pouco contribui para o sucesso de uma marca. Porque, sem essa distorção da realidade, um produto será sempre produto, independentemente da marca e do cenário. É claro que as necessidades dos consumidores são reais. Há um exagero do quanto são grandes e necessárias assim como a cobrança se torna cada vez mais constante.

Se você procurar entender o sucesso das marcas focando o produto como fator determinante, nunca tomará conhecimento do verdadeiro elemento responsável pelo bom desempenho comercial que ela obtém. Na verdade, o produto quer de alta qualidade ou não, quer seja de preço exorbitante ou não, ele nunca vence a batalha pelo espaço no mercado. Porque esta é uma batalha de concepções, não de produtos e preços. E só vence esse combate a marca que consegue ocupar um lugar de destaque na mente do cliente em perspectiva.

O meio mais fácil de entender o poder exercido pela popularidade e aceitação de uma determinada marca é uma criteriosa observação sobre como o mercado encara a política de preços e o conceito de qualidade dos produtos que ela representa. A dinâmica por trás desses dois fatores explica perfeitamente bem porque o produto vencedor na Guerra de

Marcas é sempre um subproduto da percepção e não aquele que tem necessariamente a melhor qualidade ou o preço mais baixo.

A qualidade por mais importante que seja nesse processo ela também acaba sendo apenas uma percepção distorcida da realidade. Em determinadas situações, num cenário real não há como justificar nem a qualidade nem o preço cobrado por um determinado produto. Os clientes em perspectiva supõem que vale o que está sendo cobrado porque o produto representa com integridade o que lhes fora apresentado.

A eficácia de um programa ou estratégia marketing depende de coerência, de uma conexão com a realidade objetiva. Nada mais do que isso. Se não tiver uma conexão com a realidade não haverá um consenso na mente do cliente em perspectiva.

O maior erro de uma estratégia de marketing – justamente o mais cometido pelos marqueteiros– é tentar unir na mesma tática os conceitos Preço *versus* Qualidade. Na verdade, por mais criativo que sejam eles jamais obterão sucesso, sobretudo, com a equivocada ideia de alta Qualidade por Preço baixo. No comércio, para ocorrer lucro numa transação, alta qualidade implica preço alto e preço baixo sugere qualidade inferior. O empresário pode até não reconhecer essa regra ou simplesmente ignorá-la por acreditar que passará despercebida. No entanto, o cliente conhece e jamais ignora essa combinação de Preço *versus* Qualidade.

O cliente sabe que quando se tratando de marcas, nem sempre a qualidade corresponde ao preço alto que é cobrado por um determinado produto. No entanto, ele compra mesmo assim porque nesse caso, não está interessado nem no preço nem na qualidade. O interesse dele é apenas na marca. Por isso, está quase sempre disposto a pagar sem nunca perguntar se vale o quanto está sendo cobrado.

As marcas conseguem vender um produto de qualidade inferior por um preço elevado embasado no valor que ela representa para a comunidade. Porém, o cliente jamais acreditará que as marcas irão vender um produto de alta qualidade por um preço baixo. Não faz sentido porque as empresas por meio das marcas são criadas para dar lucro aos empresários e que se praticarem essa ação terão prejuízos. Assim sendo, sempre que o cliente escuta um anúncio contendo a combinação de alta qualidade com preço baixo ele já sabe que a propaganda é enganosa. Para ele, isso não faz sentido algum e, portanto, não tem nenhuma credibilidade.

Todos os envolvidos na aquisição de um produto sabem da importância do preço nessa operação. Por essa razão, é mais sensato todosprocurarem esquecer o conceito de qualidade e se concentrar no que realmente interessa: a percepção. Qual é a reputação desse produto? Quanto custa? As pessoas estão comprando? Por quê? Quem comprou, está satisfeito?

Esqueça a ideia de perguntar para o vendedor se o produto vale o quanto você está pagando por ele. Primeiro, visto que o dinheiro e o interesse de comprá-lo são seus, então o vendedor não tem nada haver com o quanto você está pagando por determinado artigoe se vale ou não o valor cobrado. Segundo, porque você não está comprando um produto. Você está suprindo uma necessidade pessoal, satisfazendo um desejo. Você está pagando por uma experiência que sempre quis tê-la ou por um sonho que agora está se tornando uma realidade. Isso significa que não importa o que você está comprando nem o quanto está pagando. O preço parece justo.

Justo ou não, o preço e a qualidade nada mais são do que uma percepção da realidade distorcida. Apenas os conceitos são capazes de justifica o preço exorbitante cobrado por determinados produtos. O conceito de luxo, o conceito de bom, o conceito de alta qualidade, o conceito de exclusividade. No fim do processo, o preço está no conceito. O conceito, por sua vez, está na marca. Fecha-se assim um ciclo que começa e termina na própria marca.

Graças a esses conceitos, a marca sempre substitui o produto quando em contato com o usuário. Se antes alguém usava relógio, agora usa Rolex. Até ontem usava um tênis, mas hoje usa Nike. Antes possuía um carro, agora tem um Mercedes-Benz.

O conceito que a marca representa na mente do cliente sempre vale o preço que é cobrado. Porque, nenhuma marca bem-sucedida começa um árduo trabalho de branding focando no preço. Se não tem utilidade, se não supre uma real necessidade, as pessoas não terão nenhum interesse por tal produto. Quando não há interesse do cliente em perspectiva, o preço não pode fazer absolutamente nada para mudar essa realidade. Porque a realidade só pode ser mudada com um conceito.

Na ausência do conceito, o produto não tem força alguma no mercado. Não há justificar nenhum investimento necessário para comprá-lo, independentemente do preço cobrado. Se optar pelo preço alto, será visto como uma piada de péssimo gosto. Se optar pelo preço baixo demais, as pessoas olharão com desconfiança e chegarão à conclusão que o produto não tem procedência e qualidade.

Tudo isso pode parecer complexo demais para o cliente. Não é o que ocorre na mente de um vendedor. Porque ele trabalha encima de conceitos e sugere o tempo todo algo compatível com as reais necessidades do cliente em perspectiva. Em virtude do ofício, o vendedor constrói uma realidade simplesmente revelando para o cliente aquilo que ele não era capaz de perceber sem a ajuda de alguém.

Criar a necessidade e propor uma solução por meio de um produto ou serviço é o que todo bom vendedor faz o tempo todo quando está vendendo. Ele demonstra que conhece muito bem do que as pessoas realmente precisam antes mesmo que elas tomem conhecimento disso. Por isso, são capazes de vender qualquer coisa simplesmente pelo fato de que elas vendem conceitos. Sabe o que é mais curioso nesse processo? É que todos os conceitos vendidos são extraídos do próprio produto oferecido.

Por essa razão, todas as marcas bem-sucedidas do mundo representam um conceito, uma grande ideia na mente do cliente em perspectiva pelo simples fato de elas saberem que é impossível se destacar na multidão sem adotar esse diferencial. É diferente em que? Esta é a pergunta mais comum feita entre clientes. A resposta dela é a realidade – o produto sendo ou não o que promete ser. Sabe por quê? Porque a percepção é a realidade.

A realidade é apenas aquilo que conseguimos enxergamos. Não importa de qual ângulo observamos um cenário. Aquilo que percebemos é a realidade.

Preço *versus* Qualidade

O preço está na etiqueta. Mas, onde está a qualidade? Nem tente responder dizendo que se encontra no material do qual o produto foi fabricado ou da forma como o serviço foi prestado porque isso é relativamente verdade.

Quanto custa um relógio? Depende da marca. Quanto custa um Rolex? Geralmente, custa uma quantia considerável de dinheiro, o equivalente para comprar uma centena de relógios de outras marcas sem tanto prestígio.

Um Rolex Daytona Ouro 18k 2006 custa em média, R$ 68.000,00 numa joalharia da cidade de São Paulo. Achou caro? Então, que tal a segunda opção? Rolex Daytona Zenith YG Diamond Dial por R$ 343.485,00 com frete grátis para quem comprar pelo site. O que tem de especial nesse relógio para valer tanto dinheiro?

Não se trata de um relógio. É um Rolex, a marca de relógio mais famosa do mundo. Por que as pessoas compram um Rolex mesmo custando esse valor? Porque a marca representa esse valor. Por que gastar tanto dinheiro com um relógio que marca as horas do mesmo jeito que os outros? As pessoas não estão preocupadas com as horas ou interessadas em possuir um relógio que funciona corretamente. Elas querem status. E nada dá mais status a uma pessoa do que um produto caro, tipo um Rolex Daytona Zenith YG Diamond Dial de R$ 343.485,00 à vista.

Novamente, o velho e já conhecidodilema do Preço *versus* Qualidade. E agora, cobrar pelo preço ou pela qualidade? Antes de qualquer coisa, é bom você saber que tanto faz cobrar por um como pelo outro. Ambos estão camuflados no valor de uma marca e nunca estarão de acordo em absolutamente nada, exceto quando qualidade estiver compatível com o preço embutido no valor da marca: alta qualidade igual com preço alto e qualidade inferior com preço baixo. Você pode e até deve quebrar essa regra sempre que vender uma marca e não um produto. Todavia, a única maneira rentável de fazer isso é associar o valor da marca com o preço e não com a qualidade.

Esqueça o preço. Nem tente justificar alguma coisa por meio do conceito de qualidade. Nada disso importa. Porque a única coisa que realmente interessa a todos é que Rolex é a marca de relógio mais famosa do mundo. Se você quiser possuir um, terá que pagar o que os outros clientes estão pagando por ele.

Não se trata de um relógio caro. É um Rolex. A marca justifica o preço e garante a qualidade que supostamente está no produto. Que é de alta qualidade, disso nenhum cliente em perspectiva tem dúvida. Mas, será que vale tanto? Nesse caso vale, porque é um Rolex.

O preço e a qualidade são sempre relativos e procedentes da percepção dos clientes com relação às respectivas marcas dos produtos que elas representam. Tanto um como o outro são sempre subprodutos da percepção de alguém em relação a algo. Assim sendo, pouco importa o valor e a característica do relógio. O que conta e prevalece é o que a marca representa.

Independentemente das características do produto, a qualidade nada mais é do que um conceito criado na mente do cliente em perspectiva. Se esse conceito for o de alta qualidade só terá fundamento e credibilidade quando ele custar caro como Rolex Daytona Zenith YG Diamond Dial de R$ 343.485,00 à vista. Mas, se você não estiver disposto a pagar esse valor por um Rolex original, poderá comprar um legítimo Yazole 271 Marrom, quartzo, por apenas R$ 49,99 no site americanas.com.br o qual você receberá na sua casa num prazo de sete dias úteis – no máximo – e ainda vem com três meses de garantia. Quantas vantagens você tem em comprar um Yazole 271 ao invés de um Rolex Daytona Zenith YG Diamond Dial?

Fisicamente, tanto o Rolex como o Yazole não deixa a desejar no design. São dois relógios de bela aparência, tamanho perfeito e cores exuberantes. No quesito qualidade, é difícil de assegurar que o Rolex é centenas de vezes melhor, embora o Yazole não tenha pulseira banhada em ouro 18k e uma embalagem personalizada de encher os olhos de qualquer cliente apaixonado por relógios. Todavia, ambos marcam as horas exatamente iguais, são feitos para usar no braço e até a trava da pulseira são bem parecidas. A única diferença exorbitante que há entre os dois modelos está na marca, no preço e na qualidade percebida.

E agora? Será que você deve comprar um Rolex Daytona Zenith YG Diamond Dial porque tem – possivelmente – a melhor qualidade e custa o equivalente a 6.871 relógios Yazole 271 ou deve comprar um Yazole 271 que é 6.871 vezes mais barato do que um Rolex Daytona Zenith YG Diamond Dial? Depende de sua necessidade. Você precisa de um relógio ou de um Rolex Zenith YG Diamond Dial?

Não se trata de quem tem a melhor qualidade ou o melhor preço. Se você for visto com Yazole 271 no braço, as pessoas dirão que você está usando um relógio e sabem que ele custa R$ 49,99 no site americanas.com.br. Entretanto, se você estiver usando um relógio da marca Rolex, todos a sua volta saberão que você está usando um Rolex que custa uma fortuna e que elas não fazema menor ideia do preço que pagou por ele. Pelo simples fato desse Rolex custar uma fortuna, imediatamente todos supõem que ele deve ter uma qualidade milhares de vezes superior a do Yazole 271 e que, portanto, vale mesmo o preço que pagou por ele.

Se você disser que está usando um Rolex, todos saberão que está usando um relógio supostamente de alta qualidade e que custa uma fortuna. Porém, se disser que está usando um Yazole, muito provavelmente, a maioria das pessoas terá dificuldade para saber do que se trata. Rolex é a marca de relógios mais famosa do mundo. Mas, o que é um Yazole?

Onde está a Diferença?

Na marca. Os produtos valem o que é cobrado por eles não necessariamente por aquilo que eles de fato são, mas possivelmente, deveriam ser.

Aparentemente, a diferença está nos detalhes. Na balança do Preço *versus* Qualidade, eles diferem os produtos ou serviços uns dos outros. Ignorados pela maioria dos empresários e tão bem empregados pela minoria deles, esses pormenores influem diretamente no faturamento de uma companhia ao distinguirem as marcas na mente do cliente em perspectiva. Nesse processo, todo detalhe é importante e implicam positiva ou negativamente.

A diferença está associada a diversos fatores, sendo a força da marca o mais importante deles. O local onde o produto é vendido e a embalagem no qual é comercializado, por exemplo, podem ser determinantes na confirmação do valor da marca. Esses fatores interferem diretamente no preço e na percepção de qualidadeque dão legitimidade ao produto.

Dificilmente, um produto de alta qualidade é comercializado numa barraquinha na lateral da praça matriz da cidade, exposto encima de uma mesinha e negociado por uma senhora gorda e descabelada. Esse não seria um local ideal para vender um Rolex ou uma Dolce e Gabbana original. Igualmente, o perfil dessa vendedora não contribuiria em absolutamente nada para legitimar a marca, o preço e a qualidade.

Isso significa que para uma marca alcançar e manter um alto valor de mercado, além da real necessidade de um lugar compatível com o seu status e uma embalagem que garante uma boa apresentação do produto, ela também interfere diretamente no perfil do vendedor. Dessa forma, fatores como embalagem, local e vendedor se tornam uma extensão da marca. Uma experiência ruim com ele influencia diretamente não apenas no resultado da venda, mas, sobretudo, na relação do cliente com a marca do produto que está sendo ofertado.

Para saber o quanto isso é verdade, entre num banco prime privado e observe o perfil dos funcionários. Parece mais com um desfile de modelos. Pessoas brancas, magras e altas, todas muito bem vestidas, devidamente identificadas. Dificilmente você será atendido por um senhor gordo, barbudo, cabeludo e com os dentes amarelados, sobretudo, se o atendimento ocorrer no setor de financiamentos. Possivelmente, você serárecebido por um homem (ou uma mulher), de boa aparência, altura acima da média, boa dicção, simpático, prestativo, educado e com uns dentes brilhantes. O perfil do primeiro funcionário está mais para feirante ou dono de bar.

Você não considera isso relevante? Tudo bem. A gente já chega lá. Suponha que uma jovem quer emagrecer e resolve procurar a ajuda de uma nutricionista. Pesquisa na internet pelo profissional e o local onde fará a consulta e depois de encontrá-lo, marca a data para comparecer ao consultório. Na hora da consulta, percebe que a profissional está muito acima do peso ideal. Visto que nem a própria nutricionista não conseguiu manter a boa forma, o que você pensaria sobre essa profissional se estivesse no lugar da jovem? Daria credibilidade para a dieta que lhe indicaria?

O seu senso ético diz para você que não há nenhum problema nisso. E não há mesmo. A única coisa que ficou questionada aqui foi a eficácia da dieta. Se não serviu para a própria nutricionista, por que haveria de servir para você? No entanto, se a jovem ao entrar no consultório tivesse encontrado uma nutricionista magra e com a pele muito hidratada, provavelmente teria dito para si mesma:

- Também quero ficar assim.

A imagem confere credibilidade ao que é anunciado. Por mais que haja um esforço para negar essa realidade, todas as evidências ecoam de dentro do seu íntimo clamando sobre o quanto você está equivocado.

Por que a maioria dos técnicos de times de futebol são ex-jogadores de futebol profissional? A resposta mais óbvia que veio a sua mente foi 'porque eles entendem mais de futebol do que os outros'. Que outros? Então você está afirmando que só entende de futebol quem já foi um jogador profissional?

Entretanto, de acordo com o seu raciocínio, é mais visível um profissional com credibilidade do que com talento e qualificação para exercer a função de técnico. Contudo, nenhum argumento será forte o suficiente para desfazer essa percepção porque o ex-jogador profissional tem credibilidade. Quando alguém tem credibilidade, isso lhe confere autoridade sobre uma determinada questão.

Qual é a sua reação quando assiste a um filme de artes marciais no qual o vilão que é chinês perde a luta de Kung Fu para o mocinho americano?

A coreografia da cena pode até ter saído perfeita. Porém, a ideia de que algo está errado permanecerá na sua mente por muito tempo. Visto que os chineses e japoneses são mestres de Kung Fu, como um deles haveria de perder uma luta para um americano? A lógica diz que é possível. Mas a realidade diz que falta credibilidade.

Suponha que você decida fazer musculação para mudar radicalmente o seu físico e adquirir um corpo musculoso. Só que ao chegar à academia, percebe que o seu personal está muito gordo e não tem força nem o suficiente para levantar os pesos. Que credibilidade você daria ao treinamento indicado por esse profissional? Pelo visto, esse personal não tem muita credibilidade como treinador eficiente. Um problema grave e difícil de ser superado. Porque sem credibilidade é muito difícil de alcançar um lugar de destaque no mercado.

A maioria das pessoas supõe que o ex-jogador tem mais capacidade para ser um técnico de futebol porque conhece as regras e as táticas melhor do que um jogador amador. No entanto, isso não é o suficiente para provar que ele tenha de fato mais entendimento do que o outro candidato. Todos que estão assistindo ao filme de artes marciais supõem que dificilmente, Jet Li perderia uma luta de Kung Fu para Jean Claude Van Damme uma vez que a imagem dele está associada às artes marciais. Igualmente, é bem provável que um personal gordo e sem força não tenha a capacidade de treinar um cliente que quer fazer musculação. Em todos os casos supracitados, faltou credibilidade e não capacidade.

O perfil do profissional é fundamental para o tipo de produto que está sendo vendido ou serviço que está sendo prestado. Não importa qual seja o público em questão. Essa regra deve ser aplicada mesmo quando se tratando de produtos ou locais destinados às pessoas com menos poder aquisitivo. Vale apena ressaltar que é importante ter cautela para que não ocorram descuidos ou exageros. Visto que a diferença está nos detalhes, por que haveria de ignorar o perfil do vendedor ou do profissional prestador de serviço?

A atendente da ótica insiste em usar os óculos que melhor combinam com o rosto dela. A dentista faz questão de mostrar os seus dentes brilhantes. O mecânico tenta divulgar os seus conhecimentos sobre mecânica. Talvez, o cliente nem se dê conta disso, embora nenhuma dessas atitudes seja involuntária. Elas fazem parte do ofício.

Na Guerra de Marcas, tudo soma ou subtrai pontos importantes na batalha com o concorrente. Um produto bom numa embalagem ruim subtrai pontos. Um produto ruim numa embalagem boa soma pontos. Um produto ruim numa embalagem ruim tira-o da batalha.

O produto também deve ser comercializado num lugar compatível com o seu status. Caso isso ocorra, terá dificuldade para provar a sua legitimidade e manter a credibilidade da marca. Não dar para vender um Rolex Daytona Zenith YG Diamond Dial de R$ 343.485,00ou uma Bolsa tote 'Dilicy' Dolce e Gabbana de R$ 93.000,00 numa barraca de feira ou numa lojinha apertada no meio do quarteirão. Não há a menor possibilidade de sucesso nas vendas porque quem usa essas marcas ou consomem esses produtos dificilmente já frequentou uma feira, quanto mais fazer compras numa delas.

Não seria um esforço perdido tentar vender um relógio Yazole 271, Marrom, Quartzo de R$ 49,99 nas lojas Americanas de um importante shopping da cidade. Não seria por uma série de fatores, dentre eles, o fato de que as Lojas Americanas estão localizadas nas maiores avenidas e galerias comerciais das grandes cidades e que os seus clientes frequentam os shoppings onde esse produto possivelmente poderia ser comercializado. Salvo essa exceção, nenhum empresário consciente do custo por metro quadrado de um importante shopping da cidade, alugaria um espaço desses para vender um produto com essa faixa de preço. Outro fator relevante está relacionado ao perfil do cliente que frequenta esse lugar.

Nenhum empresário é obrigado a seguir essas regras. Vender um produto requer muitos cuidados. O lugar e o perfil do vendedor são dois deles. Não é só a embalagem, o preço e a percepção de qualidade atribuída à marca que soma. A diferença está em todos os detalhes.

Como Fazer a Diferença?

Qual diferença entre a lata de leite que a sua empresa e as demais concorrentes vendem? É uma pergunta que carece de reflexão e uma resposta cabível. Porque, aparentemente, não há nenhuma. Comercialmente, muitas – ainda que a maioria delas não esteja tão visível o quanto deveria está.

Se tratando de empresas de varejo, a força da marca de cada produto exerce um papel fundamental. Quando somada adequadamente com outros fatores como preço, qualidade e atendimento podem levar rapidamente uma rede de lojas de varejo à liderança do mercado. Para tanto, falta apenas uma marca relevante que a represente.

Qual a importância dos produtos numa transação comercial? Para o comerciante, pode significar tudo. Já para o cliente, pode não significar nada. Para o freguês, a única coisa que importa de fato são as relações entre ele e a marca. Mas, que tipo de relação é essa?

A marca deve representar algo relevante para o cliente. Algo único, que seja capaz de diferenciá-lo da concorrência. Alguma coisa relevante o suficiente para fazer com que ele se sinta como uma parte indispensável daquele negócio. Obrigatoriamente, tem que ser algo tão relevante que ultrapasse muito as fronteiras estabelecidas entre as paredes da loja e o que está depois delas.

A sua empresa representa o que para o cliente em perspectiva? Que diferença ela faz na vida dele?

O preço parece que está tabelado com o do concorrente. As marcas dos produtos são as mesmas em todas as prateleiras das revendas da cidade. Até aqui não foi encontrado um diferencial.

Atendimento de qualidade não pode ser o que de melhor você tem para oferecer. Ele é uma obrigação que toda empresa tem de cumprir se quiser sobreviver por muito tempo. É um direito do cliente. Então, a sua empresa é diferente em que?

Não importa o tamanho da empresa, a força da marca, o segmento em que atua ou a categoria ocupada pelo produto. A sua empresa tem que representar algo na mente do cliente em perspectiva que a torne muito diferente das concorrentes. Este é o caminho da liderança. Mas, como ser diferente dos concorrentes na mente do cliente?

Comece fazendo algo diferente. Defenda uma causa de grande interesse de toda a população como a preservação ambiental ou ajuda filantrópica para hospitais e abrigos. Patrocine um evento, um show beneficente ou equipe de atletas amadores. Invista no bem-estar das crianças. Faça doações de alimentos para famílias carentes por meio de um evento. Promova algo pela comunidade e ela jamais deixará de admirar a sua empresa-marca.

Defina bem a missão, a visão e os valores da companhia, crie uma logomarca interessante e adote um slogan que defina a essência da marca. Não importa quantos produtos tenha no catálogo nem quantos serviços estão presentes no portfólio. Determina e expresse os valores que a companhia representa e mostre-os para os clientes em perspectiva e para a comunidade em geral.

Faça cumprir o que a marca promete para o cliente. Dê mais do que o que recebe em troca. Porque, enquanto o seu cliente voltar à sua loja, você estará faturando, crescendo e conquistando novos mercados. Foi isso o que as grandes empresas fizeram quando começaram as suas atividades e é o que elas permanecem fazendo até hoje. Elas sabem que não podem voltar atrás na promessa que fizera anteriormente.

A diferença nunca está no cliente. O velho ditado que diz que "o cliente tem sempre razão" é falso. Nem sempre ele está com a razão. O simples ato de pagar pelo produto não é o bastante. Não nesse caso.

Assim como o cliente está pagando por um produto, você também pagou por ele antes de colocá-lo na prateleira de sua loja. O que ele tem são os seus direitos de consumidor que devem ser respeitados incondicionalmente. Respeitando-os, prestando um serviço de qualidade e acrescentando valores e confiança nesse relacionamento, não tem como a sua empresa não crescer muito num curto período de tempo.

A Marca

"Em longo prazo, uma marca nada mais é do que um nome." Esta afirmação foi feita por um guru do marketing mundialmente conhecido, com passagens por marcas globais e autor de quase uma dezena de livros sobre o assunto. Que a firmação dele é verdadeira, disso ninguém tem dúvida. Todavia, é preciso examinar o contexto com cautela para poder entender porque "em longo prazo, uma marca nada mais é do que um nome."

Ficou amplamente perceptível até aqui que uma marca é o único bem de valor inestimável que uma empresa pode ter. O produto é relevante, mas é algo processado, produzido, criado fisicamente. Já a marca é um conceito fixado na mente do cliente em perspectiva que requer tempo e significado para poder ganhar existência.

Em quase todos os capítulos anteriores, foi discutido incansavelmente a tríade Produto x Preço x Qualidade. Quer tenha sido abordado individual e coletivamente ou não, nenhum deles esteve por momento algumacima da marca. Na verdade, nunca poderiam está porque todos eles são um reflexo do que ela representa.

Dada tamanha importância da marca diante de uma atividade comercial, é chegada à hora de criar uma para representar a sua atividade comercial quer seja uma loja, um produto ou um serviço. Vale ressaltar mais uma vez que não importa a categoria de produto, o segmento de mercado e o porte da empresa em questão. A marca será o único bem que crescerá em longo prazo.

É importante lembrar que marca e logomarca são duas coisas totalmente distintas. Nomes como Honda, Nike,

Mercedes e Bradesco são marcas famosas, algumas delas mundialmente conhecidas. Sabe o que elas têm em comum? Uma logomarca. Nada mais do que isso. Para que serve uma logomarca? Apenas para criar uma associação com a marca.

Não importa onde nem como, mas sempre que alguémver a logomarca do Bradesco, imediatamenteirá associá-la à marca Bradesco. Em seguida, irá associar a marca ao banco. É como se ela atuasse como um atalho, uma conexão.

Promover uma logomarca geralmente custa algumas dezenas de milhões de reais. Um investimento sem retorno e, portanto, desnecessário para uma pequena empresa. Se você decidir criar e promover uma marca, vale apena criar e promoveruma logomarca junto. Porque no fim das contas, a sua marca será sempre associada a alguma coisa. Visto que é assim, então melhor que essa associação seja com asua logomarca.

As marcas servem para dar nome aos produtos ou serviços. Comercialmente, é impossível existir um negócio sem uma marca. Tudo o que existe no universo tem um nome que se for promovido se transformará numa marca.

As pessoas veneram marcas da mesma forma que veneram ídolos e valores morais. Se a sua empresa não dá muita importância para a marca que a representa, muito provavelmente, ela jamais terá alguma relevância para os clientes em perspectiva.

Assim sendo, quando for criar a sua marca, escolha um bom nome para representar o seu produto ou serviço. Tome muito cuidado ao escolher e adotá-lo porque o sucesso desse negócio dependerá muito do êxito dessa escolha.

Uma vez escolhido, cuide bem da imagem dele. Promova-o constante e corretamente. Porque as pessoas dificilmente compram e consomem produtos, e sim, apenasmarcas – que nada mais são do que um nome.

Em qualquer circunstância e, independentemente do contexto, nunca ignore a força da marca. Porque em longo prazo, você perceberá que tudo o que a sua empresa tem de relevante é um nome.

A Força da Marca

Construir uma marca popularmente conhecida e muito desejada pela maioria das pessoas constitui o maior desafio que um empresário terá de superar um dia. Porque este é a única maneira que existe para crescer muito rapidamente.

Sem uma marca de prestígio na dianteira de uma empresa, produto ou serviço, não importa quão grande ou pequena sejam as suas instalações ou a capacidade de produção. Para o cliente, a única coisa que realmente importa é a relevância da marca que ele está consumindo.

Ninguém paga mais caro por uma cerveja com o sabor tão parecido com odas demais opções disponíveis no mercado apenas porque odeia dinheiro e ama cerveja. Provavelmente, ele gosta de cerveja e ama dinheiro. Na verdade, ele está pouco se importando com o verdadeiro sabor da cerveja e o quanto está pagando a mais por ela. A única coisa que realmente importa para ele é o status que a cerveja o confere naquela ocasião. Dificilmente alguém vai almoçar na melhor churrascaria da cidade e pede a cerveja mais barata do cardápio. Contudo, se tiver no boteco do bairro onde mora, a cerveja mais cara estará fora de cogitação.

As marcas determinam indiretamente o valor do produto. Uma marca que vende produtos considerados de qualidade consegue vender facilmente um produto de qualidade inferior por um preço alto. Mas, uma marca que vende produtos considerados de qualidade inferior dificilmente conseguirá vender um produto de alta qualidade por um preço elevado. Ela não tem credibilidade para isso. Dessa forma, as marcas agregam valor ao produto que influencia diretamente no preço.

Por menor que seja o mercado em que atua, uma marca sólida vale mais do que toda a sua estrutura de produção. Ninguém compra uma empresa falida se não tiver uma marca para colocar nela. Contudo, há sempre alguém disposto a comprar um Nome para colocar numa empresa falida.

Quando uma marca ganha notoriedade e começa a faturar muito num curto período de tempo, a maioria das concorrentes consideradas muito maiores do que ela tenta comprá-la a qualquer custo porque sabem que se trata de uma excelente oportunidade de fazer novos negócios. Contudo, quando os resultados comerciais obtidos são considerados ruins e a empresa começa a flertar com a falência, há poucos concorrentes de peso demonstrando interesse em adquiri-la, independentemente do quanto à estrutura de produção é moderna ou não. Para o segundo caso, as ofertas que surgirão serão sempre muito inferiores ao real valor de mercado que a empresa vale – ainda que nessas condições financeiras.

Assim funciona o mercado. Em ambos os casos, temos uma empresa em atividade, uma marca envolvida e uma estrutura montada. Porque o primeiro caso desperta o interesse dos compradores que estão dispostos a pagar pela empresa acima do valor de mercado enquanto no segundo caso, não há interesse por parte dos investidores, sendo que nenhum deles está disposto a pagar pelo menos o valor que a companhia realmente vale?

A verdade é que dificilmente um investidor estaria interessado nas instalações de uma empresa falida se não tivesse uma marca poderosa para colocar na fachada do prédio. Quando há interesse, é numa situação contrária, na qual, a única coisa que realmente quer é adquirir o Nome impresso na embalagem dos produtos porque sabe que ele é o que realmente gera lucro. Enquanto que uma marca pode gerar milhões de reais em lucro, as instalações de uma marca falida se tornarão apenas sucatas em algum lugar do país.

O empresário inconsciente do real valor de uma marca se sente confiante quando vê um estoque gigante parado no seu galpão e a produção a todo vapor mesmo sendo engolido pela concorrência. Para ele, o dinheiro que deveria ser destinado ao marketing da empresa, será muito melhor aplicado na compra de mais uma máquina industrial. Se não precisar de uma máquina nova, esse dinheiro será usado para comprar um carro novo para o gerente ou quem sabe guardar como um reserva para ser usada em caso de emergência. Mal sabe ele que esse período está muito próximo de começar.

O empresário que não investe em marketing, ele até consegue vender. Mas, não o tanto o quanto poderia. A empresa até cresce. Só não o tanto o quanto poderia. Porque sem vendas, aumentar a produção só tornará as coisas ainda piores em longo prazo.

É vital que haja consciência da importância de uma marca. Em quaisquer circunstâncias, o marketing deve ser sempre uma prioridade. A estrutura poderá rapidamente ser transformada num monte sucata se as vendas não acontecerem. Por essa razão, os empresários devem encarar o orçamento de marketing como sendo sempre uma das prioridades da empresa.

Visto que as pessoas não consomem produtos ou serviços, mas apenas marcas, então por que concentrar todos os esforços da empresa na fabricação daquilo que ninguém consome? O relógio só deixou de ser um relógio quando alguém colocou a marca Rolex dentro de um. A bolsa só deixou de ser uma bolsa quando alguém fixou uma etiqueta da Dolce e Gabbana numa. Enquanto você não construir uma marca de valor inestimável e fixá-la num produto, não poderá se gabar de que tem um negócio sólido. Porque você não tem. A estrutura por mais importante que ela seja só consegue produzir. A marca é quem vende a sua produção.

As pessoas não compram produtos, as pessoas não usam produtos, as pessoas não consomem produtos. Elas compram marcas, usam marcas, consomem marcas. E não há a menor possibilidade dessa realidade mudar. Ao contrário, a tendência é de que a veneração pelas denominações impressas nas embalagens e etiquetas dos produtos aumente cada vez mais nas próximas décadas.

Esta já é uma realidade incontestável no cenário atual e não faz sentido algum as empresas seguir uma direção contrária. Elas precisam criar marcas para seus produtos. Não há outra forma de diferenciá-los dentre tantas opções disponíveis no mercado. O título impresso na etiqueta ou na embalagem é a maneira mais fácil de sobreviver nesse período de tempo marcado pela acirrada concorrência por uma fatia do mercado.

Quantas marcas de cervejas têm no mercado de sua cidade? Tudo indica que existem pelo menos umas 15 marcas famosas, fora as cervejas artesanais. Parece muito, embora esse número continue aumentando cada vez mais. Mas, por que tantas marcas? Algumas acreditam que é para identificar o fabricante. Outros têm certeza de que é para identificar o produto. Infelizmente, ambos estão equivocados. Elas servem para diferenciar os produtos por mais parecidos que eles sejam.

Por que existem tantas marcas de leite se o produto é aparentemente igual? Já pesou nisso alguma vez? Por que mesmo sendo aparentemente igual, o preço de um litro de leite dentro de uma caixinha varia tanto de uma marca para outra? Por que o leite recebe marcas diferentes se todo o volume produzido é exatamente igual?

Comprar café não é uma missão fácil para uma dona de casa que tem um marido cafezeiro. O produto é exatamente igual na aparência, com pequenas diferenças nos sabores. Só que a infinita quantidade de marcas disponíveis na prateleira pode deixar qualquer uma delas confusa na hora de escolher. A vontade é de pegar qualquer um ou o primeiro que da seção. Porém, qualquer um não serve. Tem que se o melhor. Mas, qual é o melhor?

A marca que vende mais é a melhor. É o que todo mundo pensa. E se a lógica diz que todos estão certos, não faz sentido você testar um monte de marcas para descobrir qual é a melhor.

Você conhece uma ideia mais genial essa de vender água mineral? O produto é exatamente igual e a embalagem é idêntica. As únicas diferenças perceptíveis são a marca e o preço. Visto que até água tem marca, por que o seu produto não deveria ter uma?

Feijão será sempre feijão por mais que mude a embalagem. Independentemente do tipo e da qualidade aparente, a única diferença que existe está entre na marca e no preço. A mesma coisa acontece com outros produtos como arroz, macarrão, frango, requeijão, café, açúcar entre outros. Ou seja, produtos iguais com marcas diferentes.

Tudo quanto é produto recebe uma marca. Por que o seu produto ou serviço não precisa receber uma marca?

As pessoas não veneram produtos. Elas idolatram marcas. Fazem delas uma extensão do seu corpo, alma e sentimento. E assim fazem porque as marcas têm o poder de promover o bem-estar das pessoas.

Portanto, fortaleça a sua marca para que possa ser compartilhada com as pessoas. Faça dela um guia para uma nova geração de consumidores preocupados com os valores pessoais, morais e espirituais.

Hora de Vender

"Não sou fabricante de nenhum produto. O meu negócio é comprar do fabricante e vender para o cliente." E agora?

Nada do que já foi dito até aqui mudará. As regras de branding são imutáveis. Elas não permitem fazer nenhuma exceção. Pode até existir mais de uma forma de executar. Contudo, as regras continuam imutáveis.

Não é o simples fato de comprar do fabricante para re-vender que isenta o empresário da necessidade de ter uma marca própria. Independentemente do produto ou do segmento de mercado em que atua, será difícil de crescer nesse negócio sem ter um rótulo para se diferenciar dos demais concorrentes. Visto que o seu negócio é vender, antes de fazer qualquer investimento, é relevante descobrir se há demanda pelo produto/serviço que a sua empresa irá oferecer e, se existir, considerar o tamanho desta. Caso não a encontre, é mais ponderado não colocá-lo em prática.

Em seguida, é preciso criar uma boa apresentação para o produto/serviço, escolher a maneira mais adequada para comercializá-lo e definir uma estratégia para anunciar o que está sendo ofertado. Se você conseguir executar corretamente todas essas etapas, as chances de sucesso serão grandes.

Tanto os fatores internos como os externos devem ser considerados como vitais para o sucesso de um negócio. Não basta apenas criar a apresentação, escolher a forma de vender e definir uma estratégia de divulgação. Os fatores externos também precisam ser considerados, principalmente, quando estão relacionados à concorrência. Porque não importa o produto nem o tamanho do mercado. Sempre haverá produtos iguais aos ofertados por sua companhia assim como os inúmeros concorrentes espalhados por todo o segmento. Nenhuma empresa nunca estará num mercado sozinho.

Geralmente, se um segmento de mercado tiver poucos concorrentes pode ser um indício de que não há demanda. Se tiver uma concorrência acirrada indica que é um mercado em potencial. Quanto maior a concorrência, maior serão as suas chances de se destacar no meio da multidão. Basta executar a estratégia a melhor estratégia da forma correta.

Não há mercado sem concorrentes assim como não há produto sem mercado. Em hipótese alguma, haveria um mercado para uma "Sopa de pedra" até alguém criá-la e vendê-la para o consumidor. O único cuidado que deve ser tomado é sobre o quanto você conhece o produto e o que precisa descobrir sobre o mercado-alvo.

Se você conhecer profundamente o seu produto, saberá como vendê-lo quando surgir o cliente certo. Tem sempre alguém querendo comprar algo por mais esquisito, inútil, barato ou caro que seja. Só que alguém querendo comprar algo é vago demais. Não serve porque não dá nenhuma garantia de sobrevivência para o seu negócio. Isso implica que obrigatoriamente deverá descobrir e conquistar uma parcela do mercado para o seu produto.

Ter um produto para vender nunca é o suficiente. Olhe para dentro das lojas. Elas podem até não ter nenhum cliente comprando algo, mas estão sempre cheias de produtos. Talvez você esteja pensando agora: "mas é a função das lojas terem produtos para vender". Infelizmente, você está equivocado. A função das lojas é vender os produtos que tem.

Ter produtos para vender toda loja tem. Entretanto, nem todas conseguem vender. Porque esse é o diferencial.

O mercado não quer apenas mais um produto. Ele exige algo novo, que seja capaz de representar um conceito na mente do cliente. Parece que voltemos ao círculo vicioso acerca da importância de uma marca. Não desanime porque esta não será a última vez.

Assim sendo, crie uma marca para representá-los e promova-a incessantemente. Defina a visão, a missão e os valores da companhia e pregue-os interna e externamente para que todos saibam quem é e o que ela representa.

Para uma marca se tornar bem-sucedida sempre requer algo mais do que um simples produto. Uma vantagem de ter algo mais é que a sua marca não precisará buscar desesperadamente por novos clientes. Eles sempre virão por livre e espontânea vontade porque anseiam pelo "algo mais" que a sua marca tem para oferecê-lo.

Portanto, não importa o tipo de produto ou de serviço que a empresa oferecerá para o cliente depois de identificado. Sempre haverá um concorrente.

Em Posição

Alguma vez você já assistiu a uma partida de futebol em que o goleiro foi expulso do jogo depois que o técnico já havia feito as três substituições as quais tinha direito e teve que colocar um jogador no gol? Notou a diferença entre a habilidade do goleiro profissional e a do jogador que o substituiu? Percebeu como o jogador ficou perdido na função de goleiro?

O jogador não estava jogando na posição em que ele é bom, na qual ele tem talento. Ele não foi treinado para aquilo. Não estava preparado para exercer aquela função. Por essa razão, o seu desempenho ficou tão abaixo do esperado.

Na Guerra de Marcas, o Posicionamento quase sempre prepondera sobre todas as regras. Está fora da posição certa para o combate constitui um risco iminente que geralmente resulta morte prematura. A marca tem que jogar na posição em que ela é boa, naqual o pessoal da linha de frente foi treinado e está preparado para combater o concorrente e servir ao mercado-alvo. Não seguir esse cronograma pode custar a sobrevivência da empresa.

Cada coisa deve permanecer no seu devido lugar. Não é recomendado misturar um monte de atividades comerciais dentro de um negócio só. Não ter uma identidade própria e um posicionamento definido no mercado, além de confundir a mente do cliente, essa bagunça comprometerá também o desempenho do pessoal da linha de frente.

Imagine na mesma loja ter que vender um carro zero quilômetro inteiro e as peças do mesmo modelo? Vender carros é uma coisa, vender peças é outra totalmente diferente. O negócio de carros novos é uma coisa, o negócio de autopeças é outra totalmente diferente. Pode até caber os dois na mesma loja, mas nunca caberá na mesma propaganda. Por conseguinte, se não cabe na propaganda, não cabe na mente do cliente em perspectiva.

Todos os detalhes são importantes para o sucesso de uma marca. O local onde é comercializada, a embalagem que é apresentada, o perfil do vendedor. Tudo isso é muito importante porque atribuem valor e credibilidade. Nenhum detalhe passa despercebido pelo cliente.

Seguindo esse cronograma para a construção de uma marca sólida, a seguir, serão abordados mais três pontos fundamentais desse processo que são o Segmento, o Mercado-alvo e o Posicionamento. Todos eles devem ficar claro na proposta ou no modelo de negócio que for apresentado para o mercado. Internamente, isso contribuirá de forma positiva para o êxito do pessoal da linha de frente, o que resultará no bom desempenho da companhia em longo prazo.

O Segmento

Numa era de segmentação como esta que estamos vivendo, quem tenta ser tudo para todos acaba não sendo absolutamente nada o tempo todo. É melhor ser forte num único ponto do que ser fraco em todos. O mais sensato é estreitar o foco ao máximo para que possa dominar uma pequena fatia do mercado.

O conceito de "Pequeno" parece não agradar a ninguém, independentemente do contexto que é usado – embora nada ou ninguém nasce grande. A sua empresa não conquistará uma grande fatia do mercado de um dia para o outro mesmo que ela invista uma fortuna na tentativa de que isso aconteça. O sucesso acontecerá gradativamente assim como o fracasso, caso a proposta não seja aceita.

Tem se tornado bastante comum, anúncios na internet de pequenos empresários colocando a empresa à venda. Na maioria das vezes são lojas de roupas ou mini-mercados. O que mais chama a atenção nesses anúncios é a variedade de produtos mesmo se tratando de um pequeno estabelecimento comercial. No caso das lojas, tem de tudo, mesmo que alguns produtos não tenham mais do que duas unidades no estoque.

Dois vestidos, quatro blusas, quatro saias, três calças, dois sapatos, três bolsas, quatro cintos, seis óculos de cor, quatro perfumes, dois conjuntos de lingerie e a lista continua. Pior ainda quando a lojinha é unissex. Porque se acrescenta a essa lista mais três camisas, duas bermudas, duas calças jeans, dois óculos de cor, três bonés, seis pares de meia, cinco cuecas, três pares de sandálias e dois tênis. Tem variedade. Só não tem quantidade e opções de marcas, tamanhos, modelos e cores. É a mesma coisa de ir ao brechó pesquisar por uma peça usada. Talvez encontre, talvez não.

A lógica sugere que essas lojinhas só sobreviverão se for dessa maneira. Mas, a prática já provou por milhares de vezes que esse modelo de negócio quase nunca dar certo. Então, é hora de analisar os fatos. Juntar teoria e prática para ver quem tem mais chance de obter sucesso.

Suponha que você tenha R$ 15.000 para investir numa lojinha. Seguindo a "lógica da sobrevivência", vocêterá uma lojinha que tem de tudo, mas ao mesmo tempo não representa nada. Dificilmente, o cliente entrará na sua lojinha porque já sabe que ela não tem muitas opções. Sem tempo ou paciência o suficiente para pelo menos olhar o que está sendo vendido, ele vai direto para uma loja que tem uma grande quantidade de um único produto com diversas opções de marcas, tamanhos, modelos e cores. Infelizmente, você perdeu o cliente.

Para sua infelicidade, do lado de sua loja, indo na contramão da "lógica da sobrevivência", o seu concorrente que também só tinha R$ 15.000 para iniciar o negócio, investiu todo o montante num único produto. Agora, ele tem um único produto em grande quantidade o que possibilitou ter diversas marcas, tamanhos, cores e modelos. Todos na cidade quando querem comprar esse determinado produto, vai direto para a lojinha do seu concorrente porque sabem que muito provavelmente, lá tem o que eles precisam. Dessa forma, o seu concorrente se tornou um especialista de uma categoria de produto. Quem você acha que está vendendo mais? Quem você acha que está vencendo o jogo?

A segmentação é a única maneira que as pequenas empresas têm para competir com as grandes. Flanquear num ponto o mais estreito possível, de preferência na fraqueza do líder é o caminho mais curto e seguro que existe para uma pequena empresa alcançar a liderança de um segmento do mercado ou de uma categoria de produto.

A velha máxima de ser tudo para todos que funcionou tão bem outrora, hoje significa ser absolutamente nada o tempo todo em qualquer mercado que uma empresa possa atuar. Apesar dos exemplos de que não há como dá certo, infelizmente, essa prática tem preponderado em praticamente todos os segmentos de mercado, o que tem gerado uma avalanche de pequenas empresas que quando não estão flertando, surgem declarando falência logo nos primeiros anos de existência.

Nas últimas décadas, a era da segmentação tem feito milhares de vítimas em todos os segmentos de mercado. Como se trata de uma regra imutável que deve ser cumprida em qualquer circunstância, quem infringiu essa lei, pagou um preço elevado demais. Igualmente, não haverá uma empresa sequer que infrinja e fique impune. Não há impunidade para esse tipo de infração.

Talvez, por mera teimosia ou apenas convicção, você insista em discordar justificando com seus argumentos embasados nas grandes redes de varejo alegando que elas não são especialistas em nada e mesmo assim, sobrevivem lucrando muito. Quantos anos a rede de varejo mais nova tem de mercado? Novos tempos, novas regras. O que era garantia de sucesso há quatro décadas, hoje não passa de técnicas e estratégias obsoletas. Já esqueceu que esta é a era da segmentação?

As grandes empresasredes de varejo são generalistas, um segmento que só entra quem tem algumas centenas de milhões para investir. Se você achou que as centenas de milhões já são difíceis de conseguir, devo alertá-lo de que não há espaço para mais do que sete delas no mercado. Se não acredita nessa afirmação, estenda a mão e comece a contar indicando um dedo para cada rede de varejo que conseguir lembrar. Tenho plena convicção de que sobrarão alguns dedos da segunda mão – se não da primeira.

Escolher um segmento de mercado, estreitar o foco e liderar uma categoria não é uma obrigação para nenhuma empresa. É apenas uma questão de bom-senso. Afinal de contas, nem todas as empresas alcançarão o sucesso, quanto mais as que não estão dispostas a se adequar aos novos tempos.

Mercado-Alvo

"Só pode ser considerado o seu mercado-alvo se oferecer uma excelente oportunidade de negócios", disse-me certa vez um consultor quando falávamos sobre o tema. Questionei-o imediatamente: "E se não oferecer, é o que?" E ele respondeu: "Não é nada. Porque onde não há uma oportunidade de negócio, não há mercado".

Naquele momento, considerei essa afirmação como generalista demais para ser verdade. No entanto, ninguém falaria uma mentira com tamanha convicção. "Só pode ser considerado o seu mercado-alvo se oferecer uma excelente oportunidade de negócios" foi a melhor resposta que eu obtive até hoje sobre esse assunto.

Porque, tudo começa pela escolhade um grupo de consumidores suficientemente grande, com capacidade de consumo o equivalente para manter a sua empresa e mais duas concorrentes pelo menos faturando acima das metas estabelecidas. A necessidade de consumo desse grupo constitui uma demanda que será suprida pelas empresas estabelecidas. Nesse caso, temos uma oportunidade de negócios porque existe um mercado.

Parece que começamos esse tópico generoso demais. Afinal de contas, por que você deveria incluir duas empresas concorrentes no grupo de consumidores que foi escolhido? Parece não fazer sentido, não é mesmo?

Nenhuma marca em nenhum lugar do mundo será dona de um nicho ou segmento de mercado, sozinha. Mesmo que ela seja a primeira a estabelecer uma nova categoria, em pouco tempo abrolha a concorrência para tomar posse de parte do mercado. Se você é um ambicioso empresário ou aspirante ao posto, deve ter odiado a ideia de ter que dividir uma categoria de mercado que a sua marca criou sozinha, possivelmente. Engano seu. Se um mercado não tiver concorrência, nunca terá a atenção dos clientes. Eles gostam de fazer comparações entre as marcas ou entre as empresas do segmento para decidir qual delas deve comprar para consumir. Por essa razão é que se faz necessária a concorrência. Por que, se não tiver, como farão isso?

Uma vez comprovada uma demanda e escolhido o grupo que será atendido, é chagada a hora de determinar quais serão as necessidades que a sua empresa-marca irá suprir. Por mais tentador que seja, evite a regra de "ser tudo para todos e não significar nada o tempo todo". Um grupo de pessoas sempre tem inúmeras necessidades que precisam ser providas. Contudo, é tolice e desvio de foco tentar suprir todas elas. Nenhuma empresa-marca consegue fazer isso.

Escolhidas as necessidades que serão supridas, se torna necessário elaborar a estratégia de posicionamento. Tanto faz se tratar deum produto ou serviço. É mais sensato apostar na diferenciação como tática para combater a concorrência.

Descobrir como a empresa-marca fará para atender as necessidades identificadas e escolhidas requer sempre um pouco mais de atenção. Esse é o ponto mais crítico de todo o processo de diferenciação porque obrigatoriamente ele tem que gerar valor para a marca. Por essa razão, a forma escolhida para atender a necessidade identificada deve ser sempre superior quando comparada às práticas empregadas pela concorrência. Se for igual, o cliente em perspectiva não terá nenhuma razão para fazer a troca ou substituição de marcas.

Fazer apenas o que a concorrência já faz nunca é o bastante. O grupo de pessoas que será atendido deve ter plena convicção de que a sua empresa-marca é a melhor opção do mercado ainda que não seja de fato. Cabe, portanto, a estratégia de diferenciação embutida no valor da marca construir essa percepção na mente do cliente.

Posicionamento

Diferenciação relevante. Esta é a melhor definição sobre o Posicionamento que uma empresa ou marca deve adotar para se diferenciar das demais concorrentes. O desafio constitui-se, portanto, em representar algo relevante e exclusivo na mente do cliente.

Projetar uma imagem de uma empresa-marca entre milhares de concorrentes e fazer com que ela ocupe um lugar de destaque no mercado-alvo não é algo fácil de fazer. Requer bem mais do que uma boa estratégia de marketing. É nesse estágio que deve ser revelada a essência da marca. A proposta de valor focada no cliente necessita ser convincente o suficiente para justificar a adesão do público-alvo.

É no Posicionamento da empresa-marca que deve ficar determinado a categoria de mercado que ela ocupa ou ocupará. Conforme já foi sugerido, escolher um grupo de pessoas para atender as suas necessidades só valerá apena se isso ocorrer de forma lucrativa para a empresa. Ter um mercado-alvo e está devidamente posicionado não é o suficiente. No entanto, é o mínimo que deve ser feito.

Na estratégia de marketing, é importante atacar tanto pelos pontos de paridade como pelos pontos de diferença. Definir as associações que deseja é de grande relevância para a tática adotada, sobretudo, quando ela tem relevância, distintividade e credibilidade como pontos de diferença.

A marca Volvo é sinônimo de segurança. Vender um conceito tão importante quanto este é um privilégio para algumas poucas empresas. Porque ele representa um valor inestimável para o cliente em perspectiva que considera a segurança como sendo uma prioridade quando no trânsito. Na sua concepção, a vida não tem preço.

Depois que a Uber lançou no mercado o seu revolucionário modelo de negócio, surgiram pelo menos uma dezena de concorrentes competindo por uma fatia do mercado de transporte privado de passageiros. Entretanto, a distintividade da Uber é tão perceptível que a marca se tornou naturalmente o nome da categoria de serviço em que atua. As pessoas quando querem solicitar um carro por meio do aplicativo simplesmente dizem: chame um Uber – mesmo que tenha optado por um corrente.

Quando a Apple Lançou o iPhone, iPad e iMac ela já tinha credibilidade o suficiente para que esses produtos ser considerados revolucionários, o que de fato são até hoje, mesmo já tendo passado mais de uma década da data em que foi lançados. A credibilidade que a marca alcançou veio em virtude do sucesso obtido com produtos lançados anteriormente como o Apple II, Macintosh e iPod.

A diferenciação pode ocorrer baseada no produto, nos funcionários, no canal de distribuição ou na imagem. É bastante comum as marcas optarem pela diferenciação embasada no produto, embora na "Era das Marcas", a Imagem apresente melhores resultados em curto prazo. Dificilmente, uma empresa consegue adotar mais do que dois desses requisitos simultaneamente uma vez que isto poderia comprometer o posicionamento da empresa-marca.

É difícil e até inútil indicar um fator de diferenciação com mais probabilidade de sucesso do que o outro. Uma estratégia ruim dificilmente gerará bons resultados. Isso significa que o êxito geralmente está na tática adotada tanto no processo de divulgação da proposta como de combate com os concorrentes.

O que se torna cada vez mais visível é a grande necessidade de adotar uma estratégia que contenha um grande diferencial. Seja lá qual for o embasamento que empresa-marca tenha adotado, a proposta deve ser repassada ao cliente imediatamente, sempre da melhor maneira possível.

Na Guerra de Marcas, ser diferente pode somar ou subtrair pontos importantes. Ser igual aos concorrentes, por sua vez, não apresenta nenhuma vantagem em médio ou longo prazo. Dessa forma, se torna mais viável encontrar um posicionamento que leve ao resultado almejado.

Portanto, posicione-se e assuma a liderança. Crie um negócio com relevância, distintividade e credibilidade.

Anuncie!

"Anuncie! Quem anuncia, vende." Este foi durante muito tempo o slogan de uma campanha da Associação Brasileira de Emissoras de Rádio e Televisão (ABERT) veiculada no rádio. "Quem anuncia, vende" é uma verdade incontestável sendo apenas um slogan ou não.

Como as pessoas tomarão conhecimento do seu produto ou serviço e as vantagens que ele oferece se não for anunciado? Não há outro meio para alcançar o público que não seja pela veiculação massiva de anúncios.

"Quem anuncia, vende" funciona porque os clientes precisam ser constantemente estimulados a comprar algo mesmo quando não precisam. É a função de um anúncio fazer esse lembrete e estimulá-lo o tempo todo.

Antes de elaborar e veicular um anúncio, épreciso deixar claro qual será a sua finalidade: promover a marca ou as vendas? Contudo, não importa qual seja a finalidade, o anúncio tem que ser veiculado.

O ideal seria promover a marca e as vendas em anúncios separados, o que nem sempre é possível. Elaborar e veicular uma campanha publicitária custa caro. Nesse caso, se faltar dinheiro para promover os dois, priorize as vendas. Afinal de contas, sem vender, nenhuma empresa sobrevive por muito tempo.

Não há como crescer sem antes convencer o cliente em perspectiva de que a marca representa algo importante para o cotidiano dele. Se não for possível comunicar esse benefício de forma eficiente, comprometerá profundamente o êxito das vendas.

Em longo prazo, não há outra saída. Terá que promover a empresa-marca. Já em curto prazo, a prioridade deve ser as vendas. Nesse caso, aposte alto no conceito de preço baixo sem fazer nenhuma ligação com o conceito de qualidade. Os produtos baratos têm grande aceitação no mercado quando são oferecidos sem embutir a promessa de alta qualidade.

Desde o princípio, é vital para o sucesso da companhia, definir uma estratégia de marketing e executar cuidadosamente todas as etapas previstas para que possa obter o resultado desejado.

"Quem anuncia, vende" sempre funciona muito bem quando a empresa-marca é anunciar corretamente o que deseja vender para o cliente em perspectiva.

Sem Descontos

Sem Promoção e Sem Desconto. Nada de fazer promoções com preços rebaixados ao limite. Em hipótese alguma, faça uma promoção desse tipo. Faça qualquer coisa com a finalidade de vender o seu produto. Só não faça essa loucura.

Empresas que fazem promoção só vendem se fizer promoção. Se parar de fazer promoção, param de vender. E não há marca que sobreviva por muito tempo assim. Se você quer que a sua marca não passe por esses constrangimentos, então adote "a política do preço justo todos os dias".

Quantas vezes nos últimos dez anos você viu a TV a famosa chamada no comercial:

- "Só até amanhã. Toda a loja com até 70% de desconto".

Aposto qualquer coisa que a primeira vez que você viu esse anúncio pensou imediatamente o que iria comprar com esse desconto. Talvez aquela TV LCD que antes do desconto custava R$ 2.000,00, mas que agora estava sendo vendida por cerca de R$ 600,00 depois de abatido esse 'descontão' divino. Olha que maravilha. Infelizmente, quando você chegou à loja no dia seguinte percebeu que os 70% de desconto nunca existiu nem existirá. É incrível como a lavadora de 10 quilos foi a piada sem graça mais usada nesses comerciais.

"Só até manha! Até 70% de desconto". Essa estratégia funcionou muito bem para algumas redes de varejo até os clientes descobrirem que não havia desconto coisa nenhuma. As duas redes de varejo que primeiro adotaram essa estratégia, o que lucraram com ela no começo, perderam com ela no final.

É óbvio que o cliente não acredita mais nos 70% de descontos generosamente oferecidos pelas lojas. E ele tem várias razões para isso. Uma delas é que se a empresa baixou o preço em até 70% significa que os produtos estavam caros demais. Mas, mais grave ainda é que "o cliente pode se sentir roubado ou lesado pela empresa" quando percebe que supostamente os preços baixaram tanto de um dia para o outro. Só que os problemas não acabaram ainda. Porque o cliente que gosta de comprar com "descontos reais" ao ver o anúncio, ele corre para a loja e fica frustrado ao perceber que o preço de ontem é o mesmo de hoje mesmo com os 70% desconto anunciado.

A verdade é que o cliente "ficou esperto", vacinado contra esse tipo de anúncio. Ele não é mais um tolo, um bobo da corte que simplesmente acredita ou aceita passivamente o que é veiculado na TV. Com uma simples busca feita por meio de um smartphone, ele consegue saber quem realmente está vendendo determinado produto mais barato. Isso é maravilhoso para o cliente, porque agora ele tem como provar para ele mesmo que o anúncio é falso, é mentiroso, que não há desconto nenhum. Ruim para a marca que veicula esse tipo de comercial. Porque o que ela ganha hoje, perderá amanhã. Pergunte para a rede de varejo Ricardo Eletro, a primeira vítima desse processo.

O vendedor está perdidamente equivocado ao acreditar que o cliente está desesperado para ter o produto anunciado. O que ele não sabe é que p cliente tem plena convicção de que o anúncio é falso e o vendedor é mentiroso. E tudo isso só serve para estragar o relacionamento da marca com o cliente.

A melhor estratégia de preço não é aquela que vende mais barato ou que apela constantemente para as promoções generosas. A estratégia que dar lucro e constrói uma relação duradoura com o cliente é aquela que adota "o preço justo todo dia". Existem clientes oportunistas que só compram quando alguém faz promoção e dá desconto generoso. Contudo, o mercado não vive desse tipo de cliente. O mercado vive graças ao cliente que consome constantemente sem nunca olhar para o preço dos produtos que estão identificados pelas marcas que ele confia.

Para o verdadeiro cliente da loja anunciante, é frustrante ver o anúncio veiculado na TV, correr para comprá-lo e perceber que o preço de ontem é o mesmo de hoje mesmo com os 70% de descontos anunciados. Para ele, a loja deixou de existir na sua mente naquele exato momento. Portanto, não faça promoção. Faça preço justo todo dia. A loja pode até não vender muito hoje, mas a venda de amanhã já está garantida se a empresa continuar agindo assim, independentemente das circunstâncias.

Acerte no Ponto

O único casamento do mundo em que não pode ter atrito em hipótese alguma é o realizado entre a escolha do ponto da loja e o produto que será vendido. A relação deve ser continuamente harmoniosa e os dois necessitam permanecerem sempre de acordo, independentemente de quaisquer circunstâncias.

As pessoas que frequentam a feirinha do bairro na quinta-feira pela manhã e vai ao shopping na sexta-feira à noite sabem expressar exatamente as diferenças que existem entre esses dois ambientes comerciais, a começar pela estrutura. Enquanto que o primeiro nada mais é do que um conjunto de barracas de lona montadas num espaço apertado no meio da rua, estando sujeitas ao sol, chuva e poeira, o outro é uma estrutura personalizada, espaçosa e climatizada, dividida por "paredes de vidro" que separam adequadamente as lojas.

Quanto aos produtos, enquanto que na feirinha a qualidade, a conservação e a higiene não constituem uma prioridade, no shopping quase tudo está segmentado por loja, devidamente apresentado e sempre bem conservado. Mas, a maior diferença entre esses dois ambientes está no tipo de produto que é vendido e no preço que é cobrado.

Enquanto que na feirinha você tomará uma jarra de suco de laranja por R$ 6,00 com direito a dois cubos de gelo em cada copo, no shopping essa mesma jarra de suco não sai por menos de R$ 12,00 – apesar de o lugar ser mais bonito e confortável.

No meio termo, estão às lojas das avenidas comerciais. Algumas chiques. Outras nem tanto. Algumas bem movimentadas. Outras, quase desertas. Entretanto, todas elas têm lojas. Se há lojas, vendem produtos. Se vendem produtos, é porque existem clientes. O que isso tem a ver com o casamento perfeito entre o ponto e o produto?

Uma bolsa feminina da marca Dolce e Gabbana tote 'Silicy' couro de jacaré/pele de cordeiro, adulta, cor verde custa em média, R$ 93.000,00 nas lojas de alguns shoppings ou nobres avenidas comerciais de uma megalópole como São Paulo. Ela é um pouquinho mais cara do que um carro Jeep Renegade 1.8, 16v, flex, Sport, quatro portas, automático, ano 2019 que está sendo vendido por RS 85.990,00 nas revendedoras do sudeste do Brasil.

Por esse valor e com esse acabamento, será que você encontraria na feirinha do seu bairro uma bolsa feminina Dolce e Gabbana tote 'Silicy' couro de jacaré/pele de cordeiro, adulta, cor verde, original que foi fornecida para o feirante pelo fabricante? Dificilmente não. Mas, e se a fabricante disponibilizasse algumas unidades para os feirantes tentar vendê-las, será que eles conseguiriam? Provavelmente não. Sabe por quê?

O público que compra uma bolsa de R$ 93.000,00 não frequenta feirinha de bairro nas quintas-feiras pela manha. Ele costuma fazer compra nos melhores shoppings da cidade nos finais de semana.

O que mais tem no centro de uma cidade são as famosas lojinhas de R$ 20,00 localizadas próximas as grandes lojas de varejo. Quantas lojinhas de R$ 20,00 você já viu nos shoppings?

Quanto maior a compatibilidade do produto com o ambiente, maior será o seu potencial de vendas. Lojinhas de R$ 20,00 dificilmente será um sucesso no shopping chique da cidade. Contudo, muito provavelmente será a grande atração dos bairros localizados na periferia da cidade porque lá é onde está localizado o seu público-alvo.

Uma loja que vende bolsas Dolce e Gabbana tote 'Silicy' couro de jacaré/pele de cordeiro, adulta, cor verde que custa em média, R$ 93.000,00 dificilmente será a grande atração de vendas no comércio da periferia. Porque a bolsa que vende bem nessa lojinha não custa mais do que R$ 49,00 a unidade.

Uma Dolce e Gabbana tote 'Silicy' só desperta o interesse de compra das mulheres ricas do país. Mas, onde estão as mulheres ricas do país? Onde elas fazem as suas compras? Dificilmente será na feirinha do bairro ou numa lojinha da periferia.

Por necessidade, os empresários deveriam tomar esse tipo de cuidado na hora de escolher o ponto quando já tendo em mente o tipo de produto que pretende oferecer para um grupo de consumidores. A lojinha feia no meio das lojinhas bonitas é um problema tão sério quanto uma lojinha bonita no meio das lojinhas feias. Onde só tem lojinhas bonitas, ninguém entrará na feia assim como onde só tiver lojinhas feias, ninguém comprará da única lojinha bonita. A lojinha bonita geralmente vende os produtos mais caros. O problema é que pagar caro não está nos planos nem cabe no orçamento do cliente em potencial.

Não confunda bonita com organizada. Uma loja para ser considerada bonita deve ter um layout planejado e personalizado, com mobília de alta qualidade, sendo cada itemdesenhado para determinada finalidade e lugar. A lojinha feia é aquela que as peças jeans são guardadas dentro de uma colméia de nicho e as peças menores ficam penduras nos cabides presos nas araras de parede. As peças íntimas estão dentro de um cesto enorme localizado no meio da loja com um indicador de preço único que geralmente termina em R$ 0,99 o pacote ou a unidade – o que pouco importa nesse caso. Ninguém sabe ao certo porque, mas tem uma colméia de vidro que serve como uma espécie de balcão de atendimento. Seja sincero: para que serve um objeto desses dentro de uma loja?

Basta dar meia volta no primeiro quarteirão do centro comercial buscando uma loja com essa descrição e logo encontrará dezenas delas que se encaixam no perfil descrito. Agora já imaginou uma lojinha dessas no shopping mais chique de sua cidade? Na periferia, ela seriaum sucesso absoluto. Já no shopping, é bem provável que não teria como sobreviver por muito tempo. Porque ela é só uma lojinha feinha no meio das lojas chiques. Ninguém quer ser visto lá – não, pelo menos no shopping.

Primeira Impressão

"A primeira impressão é a que fica". Todo mundo fala isso. Mas, quase ninguém toma os devidos cuidados na hora de deixar a primeira impressão, exceto quando o assunto é relacionamento amoroso.

Já notou como você muda o seu comportamento sempre que vai ter o primeiro encontro com alguém? Parece até que você se transforma em outra pessoa. A transformação é tão grande que quando esse encontro termina em casamento, o casal gasta anos de convívio tentando conhecerum ao outro de verdade.

As primeiras impressões permanecem encravadas nas lembranças do casal como se elas fossem de fato, a versão original da pessoa. Infelizmente, pelo menos nesse caso, as primeiras impressões são apenas projeções artificiais. Elas não são e nunca serão reais.

Todas as grandes marcas que agora são mundialmente conhecidas e veneradas por milhões de consumidores também começaram o relacionamento com o cliente dessa forma. Elas deixaram uma boa impressão. Uma boa impressão tão forte que mesmo quando algo envolvendo a marca dar errado, os clientes acabam relevando. Afinal de contas, já estão juntos há tanto tempo, para que estragar esse relacionamento por causa de alguma coisa tão irrelevante? É o que eles raciocinam.

As marcas precisam conquistar credibilidade. Uma tarefa árdua visto que esse atributo depende de uma série de fatores que não dependem exclusivamente das forças interna e externa da companhia. Nesse processo, as primeiras impressões geradas durante os primeiros contatos do cliente com a marca serão de vital importância. Uma experiência ruim poderá ser levada em consideração na hora da tomada de decisão quanto à adesão pela marca ou produto, não importando quão bom foi o histórico do relacionamento.

Ter a confiança do consumidor evita que a marca seja trocada pela primeira opção que surgir no mercado com uma promessa mais encantadora ou após uma experiência ruim vivida pelo consumidor. Retomar esse relacionamento é mais difícil do que começar outro.

Manter uma união duradoura com o consumidor fortalece a marca financeiramente e garante cada vez mais estabilidade no mercado em que atua. Isso também é bom para o cliente.

Portanto, deixe uma boa impressão logo no primeiro encontro - pode não haver uma oportunidade para deixar no segundo. Para não errar, acerte nos primeiros detalhes.

Efeito Embalagem

Por que você "se transforma num personagem" sempre que vai ao primeiro encontro com alguém? Por que você cuida tão bem de sua aparência se é apenas o primeiro encontro?

Todos sabem que você quer causar uma boa impressão. Quando toma os cuidados necessários, sempre causa. Você "se transforma" porque quer deixar uma boa impressão por meio da aparência.

Tanto nos relacionamentos amorosos como nos relacionamentos entre marcas e clientes, a aparência constitui um fator importante. A imagem passa a valer por mil palavras ou mais.

O produto por mais bonito, gostoso ou cheiroso que seja se não tiver uma boa embalagem, a sua primeira impressão está sempre seriamente comprometida. O primeiro contado do consumidor com o produto começa sempre pela embalagem. É como se ele degustasse (experimentasse) a embalagem e comece (usasse) o produto.

Os frascos dos perfumes são verdadeiras obras de arte. Custam caro para os fabricantes colocar o líquido dentro de milhões de frascos desses, antes de vendê-los como perfumes. Apesar do alto custo adicional, eles investem mesmo assim porque sabem que se não for assim, comprometerá a primeira impressão que o produto deve deixar na mente do consumidor em perspectiva.

Possivelmente, você deve está argumentando:

- Mas eu não fabrico perfumes. Eu vendo-os.

Isso não altera a regra em absolutamente nada. Não estamos falando de um produto específico, no caso, perfumes. Estamos falando de como deixar uma boa impressão por meio da aparência.

Nenhum cliente gostaria de ir à sua perfumaria, gastar cerca de R$ 700,00 com perfumes e sair de sua loja com alguns fracos de produtos dentro de uma sacola de plástico branca, fina e quase transparente. A expectativa dele é sair do local carregando uma sacola personalizada, de boa qualidade, com a logomarca de sua loja estampada e destacada já que os produtos custaram-lhe os olhos da cara.

Talvez, a sua segunda desculpa é que uma sacola personalizada de boa qualidade custa caro. Pode ser que sim, pode ser que não. Depende de quanto vale a sua marca e os produtos que irão dentro dela.

Um empresário por mais detalhista que seja é louco o suficiente para colocar dois produtos de R$ 9,90 cada dentro de uma sacola que custa em média, R$ 3,50 a unidade. É verdade que você precisa de uma sacola personalizada porque isso dará visibilidade à sua marca, o que justifica o investimento. Entretanto, não é verdade que a sacola deve ser a opção mais cara do mercado. Se o seu produto custa cerca de R$ 9,90 a unidade, não há problema algum de ele ir dentro de uma sacola de plástico pequena, desde que seja personalizada.

A embalagem atribui valor ao produto e à marca. Um produto caro fora da embalagem pode sugerir que não vale o quanto está sendo cobrado por ele.

Igualmente, uma marca famosa que não tem uma boa embalagem, de qualidade e personalizada pode comprometer profundamente a impressão de alta qualidade que deveria deixar no primeiro contato com o cliente.

Dessa forma, a boa impressão está quase sempre na embalagem. Para que ela de fato ocorra, basta fazer com que o produto corresponda às expectativas do cliente em perspectiva. Entretanto, em hipótese alguma, deve ser ignorada a necessidade de adotar uma.

O efeito embalagem é imensurável em longo prazo. Um cliente caminhando pelas ruas da cidade com uma sacola personalizada na mão, além de se tratar de uma eficiente maneira de fazer marketing de graça, é também a melhor forma de comunicar para os seus clientes que a sua loja tem um diferencial.

Portanto, ainda que os recursos estejam escassos, não abra mão de adotar uma embalagem personalizada e de boa qualidade, sobretudo, quando se tratando de lojas de confecção e de calçados.

A fama vende tudo

A percepção de prestígio na mente do consumidor vai muito além do produto em si, não importando quão superior seja a qualidade do material usado no processo de fabricação. A força da marca é tão visível e incontestável que basta um fabricante realizar alguns testes simples para constatar tamanho poder de convencimento do que ela representa na mente do cliente em perspectiva. Quer ver o quanto?

Voltemos mais uma vez ao conto dos relógios. Não para contar as horas. Mas, para contar o que uma marca com credibilidade é capaz de fazer com a mente do cliente em perspectiva.

Se você for louco o suficiente, faça o seguinte teste: pegue um relógio Rolex Daytona18k de R$ 68.000,00 e substitua a marca Rolex por Champion. Em seguida, pegue o Rolex Daytona que virou um relógio Champione tente vendê-lo por R$ 680,00 a unidade dentro de um kit que inclua mais duas pulseiras opcionais.

Você acha que só por causa da qualidade, as vendas desse modelo serão um sucesso? Você realmente acredita que as pessoas pagarão R$ 680,00 por um relógio Champion só porque se parece com um Rolex?

As coisas são o que parecem ser. O que não podem parecer não são. A visibilidade e o prestígio estão na marca e não no produto. Uma marca de prestígio vende um artigo caro porque tem credibilidade para isso.

A maioria das pessoas sofre da "Síndrome de Tomé" quando o assunto é marcas. Elas sempre alegam que o preço alto é compatível com a qualidade do material que é fabricado.

Quanto vale um grama de ouro? Não deve ser uma fortuna. Quantos gramas de ouro têm num Rolex Daytona 18k? Quais componentes desse relógio são feitos de uma matéria-prima mais cara do que o ouro? Pegue um Rolex Daytona 18k, pese para ver quantos gramas têm e, em seguida, multiplique esse peso pelo valor de um grama de ouro. Por quanto ele seria vendido se fosse fabricado apenas com ouro?

Ainda não está convencido do valor das marcas? Faça o primeiro teste novamente, agora invertendo as marcas dos seus respectivos produtos. No primeiro teste, o Rolex virou Champion. No segundo teste, o Champion virará Rolex.

Pegue o "melhor" relógio da marca Champion e substitua a marca por Rolex. Em seguida, tente vendê-lo por R$ 680,00 a unidade sem direito a kit de pulseiras nem preço promocional. O que você acha que acontecerá com o relógio Champion que virou Rolex? As coisas são o que parecem ser. O que não podem parecer não são. A visibilidade e o prestígio estão na marca e não no produto.

Na primeira experiência de inversão de marcas, mesmo se tratando do mesmo produto por um preço 100 vezes mais barato, só porque não está devidamente identificado pela marca Rolex, as pessoas não pagariam tanto por um relógio. Sabe por que elas não pagariam? Porque as pessoas em sã consciência não compram um relógio que custa mais de R$ 68.000,00 à vista, com ou sem um kit com duas pulseiras opcionais. Elas compram se for um Rolex independentemente se é do modelo Cosmograph, Pave, Daytona ou Platinum e pagam uma fortuna por ele porque não está comprando um relógio. É um Rolex, a marca de relógio mais famosa do mundo.

Isso significa que as pessoas não compram produtos, não consomem produtos, não usam produtos. Elas compram, consomem e usam marcas. Consomem também as empresas-marcas que vendem esses produtos na mesma proporção. Porque, nenhum milionário está disposto a comprar um Rolex Cosmograph, Pave, Daytona ou Platinum numa relojoaria da qual nunca ouviu falar.

As coisas são o que parecem ser. O que não podem parecer não são. A visibilidade e o prestígio estão na marca e não no produto.

Virou Marca

A visibilidade e o prestígio estão na marca e não no produto como as pessoas geralmente pensam. Ninguém em sã consciência pagaria mais de R$ 340 mil num relógio. No entanto, pagam cerca de R$ 343.485,00num Rolex Daytona Zenith YG Diamond Dialà vista. Como isso é possível? Daytona Zenith não é um relógio?

Não é um relógio. É um Rolex, a marca de relógios mais famosa do mundo, o que é totalmente diferente.

As pessoas não compram um produto caro. Elas compram uma marca cara. Dessa forma, elas não estão pagando pelo valor do artigo. E sim, pelo título impresso na etiqueta e na embalagem.

As marcas não são mais uma exclusividade dos produtos. Tudo virou marca. No mercado, qualquer denominação cravada na fachada de um prédio também é uma marca. Extra, Walmart e Hiper não são nomes de supermercados. Casas Bahia, Ricardo Eletro e Magazine Luiza não são nomes de redes de lojas de varejo. Droga Raia, Pague Menos e Droga Silva não são nomes de farmácias. Sabe o que eles são?

Quando um empresário tem uma empresa, mas acredita que não tem uma marca, isso significa que o problema é grave. Porque ele pode até ter o "melhor" produto do mercado, contudo, sem uma marca impressa na etiqueta e na embalagem, nem o produto nem o nome da empresa jamais terão visibilidade e prestígio.

Pouco importa o modelo de negócio, o tamanho do empreendimento, o produto ou serviço que é comercializado.

Aquele nome desbotado cravado na fachada do prédio é uma marca, o empresário acreditando nisso ou não.

Os postos Ipiranga vendem combustíveis assim como os demais. Mas, quem são os demais se quando você precisa de alguma coisa pergunta lá no posto Ipiranga?

Visto que até um posto de combustível precisa ter uma marca para se diferenciar dos demais, por que a sua empresa não deveria de ter uma?

As pessoas não dizem: "vamos à lanchonete comer um hambúrguer". E sim, "Vamos ao McDonald's".

A visibilidade e o prestígio estão na marca e não no produto como as pessoas geralmente pensam. Se você tem uma empresa, mas acredita que não tem uma marca, então o seu problema é grave.

Status

O que estimula uma pessoa a comprar um produto tão caro não é a necessidade de possuir um. É a necessidade de mostrar para as demais que ele tem poder aquisitivo.

A satisfação pessoal está intimamente associada ao status social. Só que para elevar o status, as pessoas devem necessariamente usar algo caro, uma vez que isto transmite muito mais do que o simples poder aquisitivo, diferenças de classes e satisfação pessoal.

A sensação de deter o poder aquisitivo e a oportunidade de demonstrá-lo para as pessoas é o que move a maioria dos homens a fazer qualquer coisa por dinheiro, qualquer loucura por status, qualquer sacrifício pelo ato de fazer parte de algo socialmente venerado. Porque sem o dinheiro, não há nada para fazer que seja realmente relevante – embora à falta deste não iniba o seu desejo de fazer o que as pessoas ricas fazem e ter o que elas têm. É justamente esse desejo que leva o homem a cometer qualquer loucura por poder mesmo sob todas as advertências possíveis.

Talvez você não tenha mais 18 anos. Mas nem por isso deixou de frequentar suas baladas caras. Contudo, você não se sentiria bem em chegar ao local de uma balada para pessoas de classe média alta dirigindo um Fusca branco, ano 78 ao invés de chegar num BMW X6, branco, ano 2019. Chegando num Fusquinha 78, você será apenas o caipira esquisito do carrinho velho e feio. Já num BMW X6, não serão cara da balada que chegou numa Ferrari F12, mas é aquele cara que chegou num BMW X6.

Fazer as pessoas se sentirem bem, poderosas e desejadas talvez seja realmente a principal função das grandes marcas. Porque elas têm o dom de fazer. É impossível ter contato com uma marca deseja e não sentir prazer e bem-estar imediatamente. É como se o aroma fosse perfeito, o sabor ideal e a aparência incomparável. É como se o produto fosse de fato uma extensão do nosso corpo, como acreditava Steve Jobs.

Nem precisa ser tão famosa assim para fazer efeito na mente do consumidor. Por mais que seja agradável está na presença da família e o quanto é gostosa aquela comida que a mamãe faz, a verdade é que ninguém se sente bem comendo o arroz com feijão e bife na casa dela todo final de semana durante uma vida inteira. Mas, esse arroz com feijão e bife num restaurante significa mais do que um prato de comida "caseira" – mesmo que não seja tão gostoso quanto o da mamãe.

As pessoas costumam pagar caro num restaurante chique alegando gostar muito da comida do chefe de cozinha. Só que nenhuma delas nunca ofereceu o mesmo valor pelo mesmo prato de comida numa refeição feita na casa do chefe. Onde está a diferença? No local onde é servido ou na comida?

A diferença nunca está no produto. Está na marca. Pouco importa se a marca é um produto, um serviço ou um espaço físico. Ela estimula as pessoas a serem mais do quejá são. Incita as pessoas a ter mais do que já têm. E não importa o quanto isso custe. Elas nunca desistirão desse desejo de ter algo mais que só uma marca especial pode oferecer.

Esta é uma regra imutável que se aplica as marcas de calçados, roupas e perfumes que as pessoas usam, dos lugares que frequentam e até do que e onde elas comem e bebem. Sem se importar o quanto elas estejam pagando a mais por isso, sempre pagarão o valor cobrado, podendo fazerou não.

Nem tudo é glamour para todo mundo. Quem pode, pode. Quem não pode se vira com as marcas que custam menos. Esta é uma oportunidade da qual as marcas (de produto ou serviço) mais baratas podem tirar grande proveito. Porque a maioria absoluta das pessoas nunca terá o "privilégio" de usar um Rolex Daytona Zenith YG Diamond Dial, comprar um BMW X6 ou uma bolsa Dolce e Gabbana tote 'Silicy', mas poderá usar um relógio Yazole 271, comprar um Fiat Uno 1.0 ou uma bolsa Colcci Longo Caramelo.

Não leve essas comparações entre os produtos supracitados como expressões preconceituosas acerca de quem tem dinheiro e de quem não tem. Esta é uma realidade incontestável as pessoas gostando ou não. E cabe ao empresário tomar conhecimento desses fatos e usá-los no seu cotidiano profissional da melhor forma possível, oferecendo o produto certo para o cliente certo, conforme determina toda e qualquer atividade comercial que visa vender e lucrar.

Só as Marcas vencem

Desde o primeiro parágrafo deste livro, tem sido abordada a importância da marca sob diversos aspectos. É verdade que nenhum deles em alguma ocasião ou situação descrita preponderou sobre a marca nem haveria porque isso não é possível.

Não se trata de enfatizar demasiadamente ou até exagerar propositalmente sobre o valor que a marca representa para um produto ou serviço. Por mais que pareça generalista demais, a verdade é que as marcas preponderam sobre todos os aspectos possíveis numa relação comercial envolvendo produtos, preços e qualidade.

Nos últimos 40 anos, o mercado sofreu uma transformação profunda na sua organização. O tradicional cedeu o lugar para o moderno e o cenário foi tomado por uma série de batalhas entre os produtos de uma mesma categoria por meio das marcas que os representam. Fatores como preço e qualidade deixaram de ser o grande diferencial utilizado entre o vencedor e o perdedor como era antes na estrutura tradicional. Hoje, esses requisitos servem apenas para confirmar aquilo que foi anunciado.

Na estrutura atual, as batalhas ocorrem na mente do cliente em perspectivas e não são decididas pelos produtos. Só as marcas lutam e apenas elas vencem.

O grande obstáculo é entrar na mente do cliente em perspectiva. Só está na batalha quem está lá. Decerto, há muitos competidores lutando pelo mesmo espaço. Mas, infelizmente, não há um lugar para todos. Alguns produtos terão que morrer e as suas marcas saírem da batalha como perdedoras.

Nesta competição, ter dinheiro para investir na empresa-marca é uma vantagem, mas não é o bastante. Porque requisitos como preço, qualidade e atendimento se tornaram apenas conceitos.

O produto que tem o preço mais alto vencerá a batalha? Claro que não. E o produto mais barato? Também não. O produto de alta qualidade vencerá? Dificilmente. E o produto que tem qualidade inferior? Muito provavelmente não. Então, quem vencerá?

O produto nunca vence a batalha. O preço nunca vence a batalha. A qualidade nunca vence a batalha. Só as marcas vencem. E a marca vencedora é sempre aquela que aparece primeiro na mente do cliente em perspectiva no exato momento em que ele decide comprar algo. A primeira a ser lembrada não será a única. Contudo, é a que tem mais chance de ser comprada.

A marca é a única coisa real nesse processo. O resto nada mais é do que um conceito. Preço e Qualidade são sempre relativos porque são conceitos. A veracidade dos conceitos, por sua vez, é oriunda de julgamentos que dependem necessariamente da opinião de alguém que confirma ou não a veracidade do anunciado.

Mas, a Marca não é um conceito abstrato? Quem disse? A marca é o produto. Sem a marca o produto é apenas a matéria-prima processada.

É caro um relógio Rolex Daytona Cosmograph MOP dial por R$ 401.652,00 à vista? Claro que não. É caro um relógio Yazole 271, Marrom, Quartzo por R$ 149,99 à vista? Claro que sim. É caro porque um legítimo relógio Yazole 271, Marrom, Quartzo não custa R$ 149,99 e sim, R$ 49,99 que é o preço que geralmente foi cobrado.

Quanto ao Daytona Cosmograph MOP dial, não pode ser considerado caro porque não se trata de um produto qualquer. É um Rolex, a marca de relógio mais famosa do mundo.

As marcas que vendem produtos nunca sobrevivem por muito tempo. As que apostam no preço nunca vencem a batalha ou que arriscam na qualidade sempre terminam no prejuízo. As marcas vencedoras são aquelas que representam um conceito exclusivo, um diferencial relevante na mente do cliente em perspectiva.

O preço e a qualidade estão nos benefícios que foram implantados na mente do cliente por meio do branding. Qual é a mulher que não acredita na "reparação do dano extremo instantaneamente" do shampoo PANTENE *PRO-V*? Apenas aquelas que precisam de "Resultado imediato" por meio da "Nutrição poderosa" do shampoo Niely Gold.

O cliente nunca consegue resistir a todos os benefícios que lhes são propostos por meio dos milhares de marcas existentes. Se o produto cumpre o que promete ou não, cabe ao cliente descobrir. O problema é que só existe uma forma de descobrir isso: experimentando.

Na mente do cliente

Um guru do marketing mundialmente conhecido costuma dizer que "é melhor ser o primeiro na mente do que no mercado". Será mesmo verdade?

O primeiro na mente tem uma larga vantagem em relação aos demais. Ser o primeiro na mente sugere para o cliente em perspectiva que aquela marca (de produto ou serviço) é a melhor opção – ainda que não seja de fato.

Quando você pensa em tomar um refrigerante, qual é o primeiro que vem a sua mente? Você escolhe a primeira opção que se lembrou ou faz uma análise e sempre acaba optando por outra marca que surgiu em segundo plano?

O que acontece na escolha de um refrigerante é o mesmo processo que ocorre para com os demais produtos. É bem provável que você tenha dificuldade para lembrar o nome da marca de algumas categorias as quais não consome com tanta frequência, mas se precisar pedir uma pizza ou um remédio tanto se lembrará do nome de sua pizzaria como de sua farmácia "favorita". O mesmo aconteceria com um hambúrguer ou comida japonesa.

Todos os nomes que vem a sua mente no momento das escolhas relacionadas às compras representam marcas. Elas podem ser locais, regionais, estaduais, nacionais e globais. Porém, independentemente de sua cobertura demográfica, todas elas adotaram um programa de branding que resultou numa percepção instantânea na sua mente sempre que você pensa num produto de uma determina categoria.

O que a maioria dos empresários não sabe e o que os marqueteiros geralmente ignoram é o fato de que na sua mente só há espaço para no máximo quatro marcas simultâneas para cada categoria. Assim sendo, se na sua cidade tiver 10 pizzarias diferentes, seis delas dificilmente serão lembradas pelo cliente em perspectiva no momento de realizar a compra.

Isso não significa que as quatro pizzarias mais lembradas serão donas absolutas do mercado. Graças ao branding, as seis pizzarias que dificilmente seriam lembradas numa categoria podem migrar para categorias diferentes e assumir uma posição de destaque mesmo segmento de mercado. Tudo dependerá de como a marca será posicionada e a percepção que o cliente terá quando a proposta for anunciada.

A decisão da compra está na mente. Mas, ela não foi parar lá acidentalmente. Alguém planejou e executou isso cuidadosamente. Uma vez instalada, não sairá de lá tão facilmente.

A pergunta mais provável que você faria agora se estive conversando comigo seria: como ocupar esse lugar de destaque na mente do cliente em perspectiva?

A resposta para essa pergunta sempre vale milhões ou bilhões de reais variando de uma companhia para outra assim como não sabê-la pode resultar em morte prematura de uma empresa com grande potencial de crescimento. Além disso, a resposta não está pronta e acessível para todo e qualquer aspirante a empreendedor ou ao posto de empresário de sucesso. O que existe de fato são alguns ingredientes espalhados que precisam ser juntados e combinados corretamente para criar a receita do seu sucesso profissional. Por sorte ou azar, não há uma receita pronta. Você terá que criar a sua eserá do seu jeito.

Se você está disposto a aprender e aplicar as regras de branding comece estudando a história das grandes marcas. Assista mais de uma vez, todos os comerciais e vídeos institucionais que elas já lançaram. Mantenha um contato próximo com as marcas que você escolher e analise atentamente todos os movimentos que elas fizerem. Nike, Apple, Starbucks, Coca-Cola, Gillette, Intel e McDonald´s são algumas sugestões interessantes.

As velhas marcas, por décadas já consagradas no mercado podem inspirar a criação de novas marcas. Assim como duas pessoas nunca são iguais, duas marcas também não são. Entretanto, isso não significa que não possam ter muitas características semelhantes. A única coisa que jamais deve ser ignorado é o conceito de exclusividade que toda marca sólida representa na mente do cliente.

Faça Diferente

As marcas são como pessoas: têm identidade e personalidade próprias. Geralmente, apresentam algumas semelhanças com as concorrentes do mesmo segmento de mercado ou categoria de produto. No entanto, é o conceito que transmite com as pessoas que difere uma das outras.

Ser igual não apresenta nenhuma vantagem nem para as pessoas nem para as empresas. Ser diferente, por sua vez, apresenta um grande risco de não ser aceito pela maioria. Ser o meio termo dessa questão não ajuda muito.

Se jogar tudo numa balança e pesar as vantagens e desvantagens, é melhor correr o risco e ser diferente da maioria. Quando se tratando de comércio, ser igual para ser aceito não apresenta muitas vantagens. Porque enquanto todos se esforçam para atender a maioria, a minoria aguarda por atendimento.

O problema é que ninguém quer atender a minoria por acreditar que não vale apena. Mas, será que alguém já fez as contas para saber se isso é verdade?

Suponha que você entrou numa disputa com 100 competidores por um prêmio de 80 maçãs 20 mangas. Tanto as mangas como as maçãs tem o mesmo valor. O que você conseguir juntar será seu. 90 competidores foram em busca das maçãs porque estavam aparentemente mais fáceis de colher devido à grande quantidade. Os outros 10 competidores foram atrás das mangas mesmo sendo uma quantidade quatro vezes menor. Ao término da competição, foram divididas as 80 maçãs entre os 90 competidores e as 20 mangas entre os outros 10 competidores. Qual dos dois grupos você acha que saiu ganhando?

A fatia do mercado que ninguém quer é sempre a mais lucrativa. A fatia do mercado mais arriscada é sempre a mais lucrativa. A fatia menor do mercado é sempre mais lucrativa. É sempre a mais lucrativa porque ninguém quer ficar com a menor fatia do mercado. Porém, é mais fácil pescar uma tilápia num tanque do que um tubarão em alto-mar. Você não concorda?

O mérito de ganhar um campeonato não está em simplesmente vencer a última luta. Igualmente, não é demérito algum terminar em segundo lugar. É verdade que a história é contada pelos campeões. Só que para vencer alguém terá que perder. Cabe a você descobrir de que lado está lutando: perdedores ou vencedores?

O mercado é como se fosse um torneio com todas as fases mata-mata. Os duelos com os concorrentes são inevitáveis durante toda a competição. Se você ganhar, avança. Se perder, está fora do jogo. E vencer nesse jogo depende muito mais do que energia (capital) para queimar.

O CEO de uma das três maiores redes varejo do Brasil assegura constantemente que atendimento e inovação já são suficientes para manter uma marca sólida no mercado, porque essa é a base que mantém a companhia deles lá no topo. Não é o que o cliente ver nos anúncios veiculados centenas de vezes em dezenas todos os dias durante o ano inteiro.

Se inovação e atendimento fossem suficientes, todas as marcas que inovaram e atenderam bem ao cliente jamais teriam falido. Se inovação e atendimento fossem suficientes a marca não precisaria gastar milhões de reais todos os meses com anúncios para comunicar aquilo que ela realmente é. Isso não quer dizer que ela não seja de fato inovadora e que presta um bom atendimento ao cliente. Mesmo assim, dificilmente, estes são ou serão os fatores responsáveis pelo sucesso das grandes companhias queestão há décadano topo do mercado.

Talvez, com um enorme esforço da equipe de marketing, a companhia consiga anunciar o quanto ela é inovadora mesmo que o cliente em perspectiva não seja capaz de perceber isso. Igualmente, por meio de um esforço desnecessário, ela tente demonstrar a qualidade do atendimento num comercial de trinta segundos. Quanto ao quesito inovação, é difícil notá-lo numa rede de varejo. Pelo menos no Brasil, as três maiores são exatamente iguais em tudo, até nos comerciais.

Se você visitar as lojas das três maiores redes varejistas do Brasil perceberá que não há produtos diferentes e que até os preços são tabelados na maioria das vezes. Nas prateleiras, estão os mesmos produtos, as mesmas marcas, os mesmos preços. Assim sendo, onde estaria a inovação?

Atendimento de qualidade não é um diferencial. É um direito do cliente e uma obrigação da empresa. O empresário que entra na disputa por uma fatia do mercado apostando no quesito atendimento geralmente é eliminado por nocaute ainda na primeira rodada.

Possivelmente, você deve está se perguntando:

- Como você sugere que a minha empresa-marca seja diferente se as lojas das três maiores redes varejistas do Brasil são aparentemente iguais?

Porque a sua empresa não é e dificilmente será uma das três maiores redes de varejo do Brasil. Pareço hostil? Talvez – embora esta não seja a intenção.

Quantos anos essas marcas já estão no mercado? No mínimo três décadas, tempo suficiente para fazer uma grande quantidade e variedade de coisas em diversas áreas. A experiência acumulada é o outro diferencial.

Os tempos mudaram e continuam mudando muito rapidamente. Os gigantes do varejo na escala global são empresas virtuais que nem lojas físicas têm. Amazon e Alibaba, por exemplo, faturam bilhões de dólares todo ano usando apenas as plataformas virtuais.

Nesses tempos tão competitivos e completamente distintos do modelo tradicional de mercado que ficou para trás imperceptivelmente, ser diferente é considerado um risco pela maioria dos empreendedores. No entanto, pode ser o diferencial que poucos têm. Steve Jobs estava certo quando disse que os produtos deveriam ser uma extensão do homem e que as marcas deveriam expressar claramente isso em forma de sentimento. Desde então, o prazer saiu do simples ato de ter para o privilégio de fazer parte de algo diferente.

As pessoas não querem nem aceitam mais ser tratadas como um produto de série. Visto que elas são o que comem, bebem, vestem e ver, é cabível que tudo isso também seja dotado de sentimentos. "O prazer de dirigir" proporcionado pela BMW é algo que está muito além do simples ato de conduzir um veículo por uma via qualquer.

Não há outra forma de compreender porque algumas empresas crescem tão rapidamente em pouco tempo enquanto outras do mesmo segmento e sediadas na mesma rua ou avenida definham lentamente e morrem miseravelmente a não ser observando para o que elas representam na mente do cliente. Quando olhando por esse ângulo se torna possível perceber porque algumas marcas nunca prosperam por mais que tentem enquanto outras crescem vertiginosamente até se tornarem marcas globais mesmo esboçando pouco esforço.

Nesses últimos tempos, as pessoas andam carentes e preocupadas com muitas questões relacionadas aos valores morais, preservação ambiental e igualdade social. Uma "marca fria" que não é capaz de expressar interesse por essas causas e permanecedescomprometida com os "interesses" de sua comunidade, ela está fadada ao fracasso.

Se uma marca não é capaz de compreender ou não se importa com os sentimentos das pessoas, por que elas haveriam de se relacionar com a essa marca? Se a marca não é capaz de tornar a vida de alguém melhor, qual seria a razão de alguém colocá-la como sendo parte da vida de alguém, do seu dia a dia?

Existem centenas de marcasque faturam alto e investem verdadeiras fortunas em anúncios na televisão. Contudo, elas nunca têm saldo positivo ou um orçamento para promover uma ação filantrópica. Nem mesmo nos meses recordes de faturamento sobra um pouquinho do lucro para patrocinar um atleta da periferia ou um evento esportivo numa comunidade carente. Nem nos dias em que acontecem as grandes calamidades como enchentes e incêndios urbanos, essas marcassurgem para fazer doações de colchões e alimentos ou mandam equipes de voluntários para ajudar os desabrigados.

Ser diferente é arriscado. Custa caro. Mas, é um privilégio que poucas marcas têm. Ser igual não apresenta nenhuma vantagem nem para as pessoas nem para as empresas-marcas.

O Marketing é Real

Existem coisas que vale apena repetir ou refletir o tanto quanto for necessário. A pergunta a seguir, é uma delas. Por que algumas empresas crescem muito rapidamente enquanto outras do mesmo segmento de mercado e localizadas na mesma rua ou avenida, declaram falência logo nos primeiros anos de existência?

O primeiro a dizer que tanto o sucesso como o fracasso de uma empresa é reflexo da gestão são os órgãos governamentais que oferecem serviços de consultoria ao microempreendedor e às empresas de pequeno porte. Geralmente, eles atribuem que o alto índice de mortalidade empresarial está diretamente relacionado com a falta de conhecimentos específicos, o que não é verdade.

As empresas geralmente morrem por duas razões. Primeira, uma ideia ruim não chega a lugar algum. Segunda, uma ideia boa sem dinheiro é apenas uma ideia. Uma ideia ruim morre por si só com o passar dos meses. Uma ideia boa sem dinheiro é rapidamente sufocada pelas concorrentes poderosas. Logo, não depende necessária e diretamente da eficiência da gestão. Quando Steve Jobs fundou a Apple Inc. quantos especialistas em gestão empresarial estavam envolvidos diretamente com o projeto?

A verdade é que os conhecimentos específicos tanto citados e relacionados ao aspecto administrativo-financeiro como sendo fundamentais para a sobrevivência de uma empresa nunca é o salvador da companhia. A força motriz de uma empresa-marca está nas vendas. Sem vendas, não há como sobreviver por muito tempo.

É sabido por todos dentro e fora de uma companhia que as vendas nunca depende do departamento financeiro para acontecerem. Estar sujeita direta e indiretamente ao departamento de marketing. Infelizmente, para o azar dos que morrem cedo demais, para eles, o marketing nunca é uma prioridade.

Só existe uma coisa que mantém uma empresa viva, forte e em rápido crescimento: faturamento. Uma empresa pode até ter o melhor controle financeiro do mundo. Mas, se ela não tiver fluxo de caixa com saldo positivo diariamente, definha e morre miseravelmente. Infelizmente, quando não importa quão eficiente seja a gestão, o preço cobrado pelo produto, a qualidade percebida e o atendimento prestado pela empresa para os seus clientes. Sem faturamento, ela definhará e morrerá miseravelmente.

Para faturar, a marca precisa vender. Para vender não basta apenas ter o produto. Preço e qualidade não são capazes de convencer o cliente ou superar a concorrência. Porque ela não está no mercado. E sim, na mente do cliente. Se não for capaz de representar algo relevante na mente do cliente ainda não uma justificativa para a sua existência no mercado.

A percepção de marca forte na mente do cliente em perspectiva é simplesmente o meio mais eficiente de vender as coisas. No mercado de hoje, é impossível uma empresa, produto ou serviço nascer e crescer sem antes se transformar numa marca. Como num passo de mágica, grandes coisas acontecem quando você coloca o nome certo em algo e tenta comercializá-lo da forma correta.

A venda está na marca. O cliente em potencial já sai de casa sabendo o que irá comprar e onde encontrará o que deseja. Como ele sabe disso?

A pergunta correta é: como você que é empresário ainda não sabe? É justamente nesse ponto crítico que você pode está trabalhando com o produto inadequado ou com a estratégia errada, o que significa prejuízo ou margem de lucro muito pequena e falência em longo prazo.

Para vencer a batalha por um espaço na mente do cliente é preciso fazê-lo lembrar-se espontaneamente de sua marca sempre que ele precisar de algo igual ao que ela oferece. É assim que as marcas vencem a batalha pelo mercado-alvo.

Se você é do tipo de empresário que não acredita no poder do marketing é de admirar-se que ainda seja um empresário.

Como num passo de mágica, grandes coisas acontecem quando você coloca o nome certo em algo e tenta comercializá-lo da forma correta.

www.ingramcontent.com/pod-product-compliance
Lightning Source LLC
Chambersburg PA
CBHW021849170526
45157CB00007B/2998